Adiós a los pañales

Una guía práctica
para un hecho cotidiano

Alison Mackonochie

Título original: *Pee, Poop and Potty Training*
Publicado en inglés por Carroll & Brown Limited

Traducción de Joan Carles Guix

Text copyright © Alison Mackonochie 2003
Illustrations and compilation copyright © Carroll & Brown Limited 2003

© 2004 de todas las ediciones en lengua española
Ediciones Oniro, S.A.
Muntaner 261, 3.º 2.ª - 08021 Barcelona - España
(oniro@edicionesoniro.com - www.edicionesoniro.com)

ISBN: 84-9754-096-4
Depósito legal: B-1.499-2004

Impreso y encuadernado por Bookprint, S.L., Barcelona

Impreso en España - *Printed in Spain*

Índice

Prólogo

Aprender a estar limpio y seco es un paso importante en el camino de tu hijo hacia la independencia, aunque va a necesitar muchísima ayuda de tu parte. Hay muchas formas posibles de adiestrar al niño en el uso del baño, y a menudo da la sensación de que cada cual tiene una opinión diferente acerca de este particular. Al igual que ocurre con otros aspectos del cuidado del bebé, existen métodos que se han popularizado en una generación de padres y que caen en desuso en la siguiente. Una cosa es cierta: tanto si empiezas sentando a tu hijo en un orinal a los pocos meses de edad como si esperas hasta que sea capaz de comprender y comunicar sus necesidades, el resultado final será el mismo.

Adiós a los pañales es una guía completa para este período vital en la vida del pequeño. Capítulo a capítulo encontrarás todo cuanto debes comprender acerca del funcionamiento del sistema de «eliminación de residuos» de tu hijo, además de los problemas que se pueden presentar y la orientación indispensable sobre cómo cuidar de su culito y sus genitales para que esté sano y confortable. El libro explica todos los distintos enfoques relacionados con el adiestramiento en el uso del baño, cómo saber cuándo está listo para empezar y cómo debes prepararlo. De este modo, cuando empieces el adiestramiento propiamente dicho, descubrirás un sinfín de consejos claros y prácticos para seguir paso a paso, lo que te permitirá convertir este período de tiempo en una experiencia divertida y emocionante tanto para ti como para tu hijo.

1

El quid de la cuestión

Para comprender la forma en la que el niño aprende a reconocer y más tarde a controlar sus necesidades urinarias e intestinales, hay que saber exactamente hasta qué punto los sistemas corporales son responsables de estas funciones. Y dado que el desarrollo y funcionamiento adecuados de los sistemas urinario y digestivo son tan fundamentales para la salud del pequeño, además de hacer mucho más agradable tu vida, también es preciso comprender los problemas que se pueden presentar.

El sistema urinario

Los órganos del sistema urinario de tu hijo, o tracto urinario, se encargan de filtrar la sangre para eliminar el exceso de agua y los materiales no deseados, excretándolos en forma de orina o pipí. La orina se produce en los riñones y luego se transfiere a la vejiga a través de los uréteres, es decir, los conductos que conectan los riñones con la vejiga urinaria, un músculo parecido a un globo que se dilata a medida que se llena de orina. La base, o cuello, de la vejiga permanece cerrado gracias a la acción de un grupo circular de músculos llamado esfínter uretral, el cual se mantiene contraído para retener la orina hasta que la vejiga del niño está repleta.

Durante los primeros meses de vida, la vejiga sólo contiene una cantidad muy pequeña de orina, y tan pronto como está llena, se contrae automáticamente y se vacía, bombeando la orina a través de la uretra, que conduce hasta la vulva en las niñas y el pene en los niños. A medida que el bebé va creciendo, la capacidad de la vejiga aumenta, y entre los 2 y 4 años se empieza a desarrollar el control voluntario de los esfínteres. Llegados a este punto, el niño se orina con menos frecuencia. Éste es uno de los signos de que tu hijo está listo para inicial el adiestramiento en el uso del baño.

Cuánto y con qué frecuencia

Durante las primeras semanas de vida, tu bebé no controla en lo más mínimo la vejiga, hasta el punto de tener que cambiarle los pañales veinte veces en veinticuatro horas. Una vez establecido el ritmo apropiado de alimentación, puede producir hasta 200 ml de orina en este período de tiempo, incluso a una tierna edad, lo cual puede parecer una barbaridad, sobre todo comparándolo con un adulto, que con el debido control de la vejiga sólo necesita orinar seis veces durante el mismo perío-

Aunque los bebés no controlan la vejiga, en ocasiones eligen el momento más inoportuno para expulsar la orina. En el caso de los varones, en especial, la sensación del aire frío en la piel estimula la función urinaria. ¡Así pues, ten cuidado cuando le cambies los pañales!

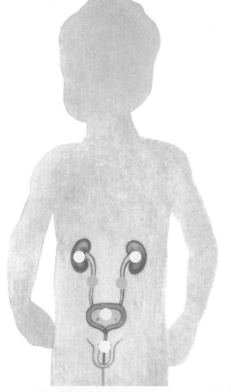

EL SISTEMA URINARIO

riñones   vejiga

uréteres   uretra

niño entre 2 y 4 años puedes darle bebidas adicionales a base de zumos de frutas diluidos o agua corriente ordinaria.

Coloración

La orina sana es de color paja, aunque es relativamente normal que el pañal del recién nacido aparezca manchado de rosa oscuro o incluso rojo. Esto se debe a que la orina del pequeñín contiene unas sustancias llamadas uratos, productos de desecho presentes en la sangre al nacer. Esta coloración se producirá a los pocos días del parto. Si se trata de una niña, la vagina podría sangrar ligeramente, enrojeciendo la orina. Es normal y no tienes de qué preocuparte.

Asimismo, en un bebé mayorcito o un niño de 2 a 4 años la orina puede adquirir una cierta coloración si ingiere zumo de grosella o líquidos similares de color oscuro. Sea como fuere, si sospechas que la coloración está ocasionada por la presencia de sangre en la orina, no dudes en consultar de inmediato al pediatra, pues puede ser un síntoma de algún tipo de infección o trastorno del tracto urinario, como la glomerulonefritis (véase p. 9).

do, aun cuando su cuerpo produce alrededor de ¹/₂ litros de orina.

A medida que el bebé va creciendo y aumenta la capacidad de su vejiga, observarás que la frecuencia con la que moja el pañal disminuye, pero aun así, se orina cada pocas horas. En caso contrario, tal vez esté ingiriendo una cantidad insuficiente de líquido o lo pierda a través del sudor o como consecuencia de abrigarlo en exceso. Si el niño está enfermo y tiene fiebre, consumirá líquido extra, lo cual también influirá en la cantidad de orina que produce.

La pérdida de líquidos puede conducir a una deshidratación, muy peligrosa para los bebés y los niños pequeños. De ahí que sea esencial incrementar la ingesta de líquidos aumentando sus tomas y ofreciéndole agua hervida y enfriada entre las comidas. En el caso de un bebé mayorcito o de un

¿ESTÁ DESHIDRATADO EL BEBÉ?

No es necesario que tu hijo beba constantemente, aunque es importante que mantenga una ingesta regular de líquidos durante todo el día. Una forma muy simple de comprobar si ha bebido lo suficiente consiste en observar el color de la orina. Cíñete a la regla siguiente: cuanto más pálida, mejor.

Si el bebé parece deshidratado, dale fluidos transparentes en cantidades abundantes (agua hervida y enfriada en el caso de los niños muy pequeños), y si la deshidratación es grave, debería recibir atención médica urgente, pues puede ser un síntoma de infección o trastorno del tracto urinario, como por ejemplo la glomerulonefritis (véase p. 9). La orina amarillo oscuro y concentrada indica que tu hijo no está ingiriendo la cantidad adecuada de líquidos. Dale más de beber y más a menudo.

Sano   Deshidratado   Muy deshidratado

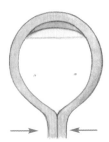 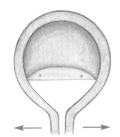 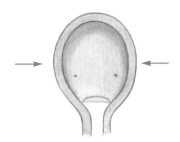

Cuando la vejiga se llena, los esfínteres situados en el cuello evitan la expulsión de la orina. Al mismo tiempo, los receptores se dilatan y provocan el deseo de orinar.

Cuando la vejiga está llena, los músculos se relajan para facilitar la salida de la orina. En los niños pequeños este proceso es automático, pero los más mayorcitos desarrollan un control voluntario.

Cuando los esfínteres se relajan, los músculos de la pared de la vejiga se contraen, obligando a la orina a salir al exterior a través de la uretra.

La orina amarillo oscuro y muy concentrada indica que el pequeño no bebe lo suficiente.

Olor del pipí

La orina normal apenas huele, de manera que cualquier olor inusual podría ser un signo de que algo anda mal. El pipí muy concentrado y con un olor fuera de lo común podría ser un síntoma de una infección en el tracto urinario.

Si huele a amoníaco cuando le cambias los pañales, quiere decir que no se lo cambias con la frecuencia debida. El amoníaco se produce cuando las bacterias en las heces reaccionan con la orina en el pañal mojado; suele provocar irritaciones. Este problema es más frecuente si usas pañales de tela, ya que los desechables están diseñados para absorber el pipí, evitando el contacto con la piel. Asimismo, si le das el pecho, es menos probable que se presente este trastorno, ya que la composición de la leche materna hace que la orina del bebé sea más ácida, lo cual disuade a las bacterias.

¿Qué puede salir mal?

De vez en cuando, los niños nacen con defectos físicos del tracto urinario, que se suelen identificar poco después del parto y que en la mayoría de los casos se pueden tratar antes de que el niño llegue a la edad escolar. Las infecciones son mucho más comunes y requieren atención médica inmediata. Si no se tratan, pueden dañar los órganos del sistema urinario.

Hipospadías

Es una anormalidad congénita que se produce en uno de cada trescientos niños. Los pequeños que sufren hipospadías tienen la abertura de la uretra —el conducto por el que se expulsa la orina— en la cara inferior del pene en lugar de la punta, y al ser imposible producir un chorro normal de orina, se suele tratar quirúrgicamente antes de los 2 años. El resultado siempre es positivo.

Reflujo urinario

Muy ocasionalmente, una anormalidad en los uréteres del bebé —los conductos que unen los riñones con la vejiga— hacen que pequeñas cantidades de orina fluyan de nuevo hacia atrás, a través de los uréteres, cuando la vejiga está vacía. Esto puede provocar infecciones urinarias en los bebés y los niños de corta edad. El problema suele remitir sin tratamiento cuando el organismo madura, pero si crees que tu hijo puede padecer esta condición, no dudes en consultar al pediatra.

Infecciones del tracto urinario

Son trastornos graves, aunque comunes, de la salud del bebé y de los niños de corta edad, y siempre requieren tratamiento médico ante el riesgo de que se produzca un daño en el riñón. Las infecciones del tracto urinario (ITU) se producen cuando las bacterias presentes en el intestino, usualmente la E. coli, se multiplican alrededor de la abertura de la uretra. Si la infección afecta única y exclusivamente a la uretra se denomina uretritis, aunque a menudo se desplaza hasta la vejiga (cistitis). Si la infección no se trata adecuadamente, las bacterias se pueden diseminar por los riñones, provocando pielonefritis, una infección renal.

Se calcula que el 3% de las niñas y el 1% de los niños sufrirán ITU a la edad de 11 años. Las niñas son más propensas a ellas, ya que la disposición de los genitales hace que la uretra esté en contacto más fácilmente con los movimientos intestinales. Otro factor es que la uretra es mucho más corta en las niñas, de manera que es más fácil que las bacterias se diseminen hacia arriba. Algunos niños son más propensos a contraer infecciones del tracto urinario que otros (véase p. 30; consejos sobre los síntomas y tratamiento).

Glomerulonefritis

Es una inflamación de las unidades de filtrado de los riñones (glomérulos), que no son capaces de procesar como es debido los residuos. La cantidad de orina producida se reduce, y la sangre y las proteínas le confieren un color rojo, rosa o amarronado. En ocasiones, la glomerulonefritis se desencadena como resultado de una infección causada por un estreptococo (bacteria) o por virus. El tratamiento suele requerir hospitalización, donde el niño recibe una dieta baja en sodio y proteínas para evitar la sobrecarga de los riñones. Si la infección está provocada por bacterias, se le administrará antibióticos. Debidamente tratada, la glomerulonefritis remite en una semana y sin consecuencias permanentes para los riñones.

EXPULSIÓN DE ORINA A DIFERENTES EDADES

Los bebés producen mucha menos orina a lo largo del día que los niños más mayores, pero dado que su vejiga es mucho más pequeña y que el proceso de orinar es automático, hacen pipí con mucha más frecuencia... ¡tal y como lo puede comprobar quien se encarga de cambiar los pañales!

Edad	Expulsión diaria
0 a 48 horas	15 a 60 ml
3 a 10 días	100 a 300 ml
10 a 60 días	250 a 450 ml
2 a 12 meses	400 a 500 ml
1 a 3 años	500 a 600 ml
3 a 5 años	600 a 700 ml
5 a 8 años	650 a 1000 ml
8 a 14 años	800 a 1400 ml

El sistema digestivo

La función del sistema digestivo del niño es esencial para descomponer los alimentos, de manera que el cuerpo absorba sus nutrientes en el riego sanguíneo, y para eliminar los residuos en forma de heces. El perfecto funcionamiento del sistema es fundamental para la salud y bienestar del pequeño.

Digestión

El sistema digestivo se puede imaginar como un largo conducto que discurre desde la boca hasta el ano. A lo largo del camino, la comida pasa por numerosas etapas.

El proceso se inicia en la boca del niño, cuando el alimento entra en el cuerpo, es masticado y engullido. Las enzimas presentes en la saliva trabajan para descomponer los alimentos a base de almidones. A continuación, esta masa se transporta hasta el estómago a través de esófago gracias a la contracción de unos músculos que se conoce con el nombre de peristalsis. Habitualmente es un proceso de dirección única, aunque a veces la comida se puede desplazar en sentido contrario. En efecto, cuando el niño vomita, el alimento se expulsa violentamente desde el estómago a través del esófago, lo que constituye una forma muy importante de eliminación de sustancias peligrosas del organismo antes de que puedan ser absorbidas en el torrente sanguíneo.

En el estómago, el alimento se sigue descomponiendo gracias a la acción de los músculos estomacales y se mezcla con los jugos gástricos. Estos jugos ácidos lo descomponen todo menos los com-

Como verás, aunque el bebé sólo puede ingerir una pequeña cantidad de sólidos a diario, las heces adquieren una mayor consistencia.

EL SISTEMA DIGESTIVO DE TU HIJO

El alimento discurre a través del sistema digestivo del niño (*derecha*) gracias a la relajación y contracción coordinadas de los músculos (*abajo*). Este proceso se denomina peristalsis

- boca
- esófago
- estómago
- intestino delgado
- intestino grueso
- recto

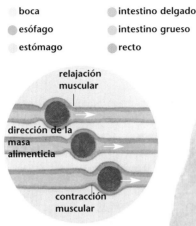

relajación muscular

dirección de la masa alimenticia

contracción muscular

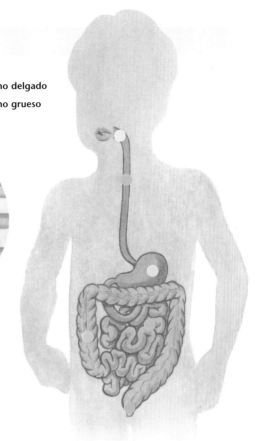

ponentes más duros y proporcionan una defensa vital contra los gérmenes. Pero es en el largo intestino delgado donde se efectúa la mayor parte de la absorción de los nutrientes, que suministran el «combustible» que necesita el organismo del niño para desarrollarse y mantenerse sano.

Por último, los materiales residuales pasan al intestino grueso, donde se reabsorbe el exceso de agua, formando una masa semisólida: las heces.

Excreción

Las heces de tu hijo contienen partes indigeribles del alimento que ingiere (fibra, etc.), además de los productos residuales de los procesos orgánicos normales y las sustancias tóxicas. Los pigmentos de la bilis les confieren su color, y los compuestos nitrogenados, producidos por la acción de las bacterias, les proporcionan su olor característico.

Desde el intestino grueso, la materia fecal discurre hasta el recto, donde se almacena, y cuando éste está lleno, la presión interna produce la necesidad de «abrir» los intestinos. Las heces se expulsan al exterior a través del ano del niño, el cual, al igual que la vejiga, se mantiene cerrado gracias a la acción de un músculo llamado esfínter anal. La di-

latación y contracción, así como la presión que ejerce el pequeño con el abdomen, obligan a las heces a salir al exterior.

Tal como ocurre con la vejiga, este proceso tiene lugar automáticamente hasta que el niño se ha desarrollado suficientemente para controlar voluntariamente el músculo.

La leche materna es muy fácil de digerir y contiene anticuerpos que previenen infecciones. De ahí que los bebés que se alimentan con este tipo de leche sean menos propensos a sufrir trastornos digestivos como estreñimiento o diarrea que los que lo hacen con leche de fórmula.

Cuánto y con qué frecuencia

No existe un número «normal» de veces en las que el niño hace caca. En realidad, lo que es normal para uno es totalmente diferente para otro. Algunos recién nacidos tienen movimientos intestinales después de cada toma, ya que la acción de succionar y tragar determina un reflejo que abre el esfínter anal. Otros, en cambio, y en especial los que se alimentan de leche materna, pueden pasar varios días sin defecar. Según los especialistas, el motivo sería que la leche materna se adapta tan perfectamente a las necesidades del niño que apenas produce material residual en forma de heces. Si tu bebé se alimenta a base de leche de fórmula, es posible que haga caca con una cierta regularidad, habitualmente una o dos veces al día. Sin embargo, al igual que ocurre con los niños que se amamantan, más o menos veces que una o dos veces al día es absolutamente normal, siempre que las heces sean blandas y fáciles de expulsar.

Los niños de 2 a 4 años sujetos a una dieta normal pueden defecar una o dos veces al día, mientras que otros lo hacen día sí, día no. Menos también es normal, y a menos que las heces sean duras y el bebé tenga dificultades para excretarlas, no hay de qué preocuparse. Algunos pequeñines tienen una tendencia natural al estreñimiento y puede influir en ellos no sólo la dieta o la falta de líquidos, sino también los disgustos y los cambios en la rutina. Si tu hijo sufre estreñimiento, consulta a tu pediatra, pero no le administres ningún laxante o supositorio a menos que así lo haya prescrito el médico.

Color y consistencia

Las primeras heces del bebé serán de un color verde negruzco, pues está expulsando el meconium del líquido amniótico. Una vez programada la alimentación, las heces adquirirán una consistencia más cremosa y amarillenta si se alimenta de leche materna, o más amarronada y más firme si lo hace con leche de fórmula. Cambiar de un tipo de leche de fórmula a otro puede ocasionar diarrea hasta que el niño se acostumbra al nuevo alimento. Si la diarrea dura más de cuatro días, deberías consultar al pediatra. Los bebés que se alimentan con leche materna no suelen sufrir diarrea, pero en caso de que así sea, sobre todo si va acompañada de vómitos, fiebre o sangre en las heces, consulta inmediatamente al pediatra.

Cuando empieces a destetar al bebé, la consistencia de las heces podría cambiar de nuevo. La introducción de nuevos alimentos en la dieta, como por ejemplo, grosella o remolacha, puede producir lo que podrían parecer cambios alarmantes en la coloración, pero es bastante normal.

¿Qué puede salir mal?

A veces, los trastornos en el sistema digestivo del pequeño tienen sus orígenes en anormalidades físicas en el tracto digestivo desde el momento del nacimiento (congénitas), las cuales podrían necesitar tratamiento quirúrgico. Los problemas ocasionales es mucho más probable que se deban a una infección o a la introducción de nuevos alimentos en la dieta. No obstante, de vez en cuando, indican la existencia de un trastorno subyacente. Así pues, si los problemas persisten, consúltalo con tu pediatra.

Enfermedad de Hirschprung (EH)

Se trata de una rara patología del intestino grueso que se desarrolla antes del parto. Las células nerviosas responsables de la contracción de los músculos que se encargan de empujar las heces brillan por su ausencia en la sección final del intestino, lo cual ocasiona una acumulación de heces y un gravísimo estreñimiento. En casos extremos, la enfermedad puede impedir por completo las contracciones musculares. Requiere tratamiento quirúrgico, y si el resultado es satisfactorio, el niño recupera sus movimientos intestinales normales.

Obstrucción intestinal

En algunos casos, los problemas intestinales pueden estar causados por una obstrucción intestinal, que provoca un bloqueo parcial o total. La causa puede residir en una anormalidad congénita del intestino o a un trastorno adquirido, como por ejemplo una hernia estrangulada, que se produce cuando una sección del intestino sobresale a través de la pared abdominal, impidiendo el paso de las heces y obstruyendo el suministro de sangre en dicha sección.

En los niños menores de 2 años, la obstrucción puede estar causada por un trastorno conocido como intususcepción, es decir, cuando el intestino se pliega sobre sí mismo, habitualmente donde el intestino delgado se une al intestino grueso. Un niño con obstrucción intestinal suele requerir cirugía, aunque en el caso de intususcepción, se le puede administrar un edema de bario o de aire para obligar al intestino a recuperar su posición original.

INTUSUSCEPCIÓN

Corte transversal del intestino

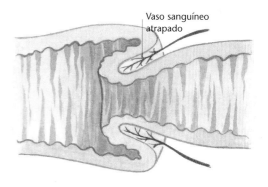

Vaso sanguíneo atrapado

La intususcepción se produce cuando una parte del intestino se pliega sobre sí misma, obstruyendo el paso del alimento y del suministro de sangre a los vasos sanguíneos atrapados entre los dos segmentos. Requiere un tratamiento urgente.

La falta de líquidos es una causa común del estreñimiento. Dale de beber en abundancia.

Estreñimiento

Se produce cuando las heces del bebé son duras y difíciles de expulsar. Los movimientos intestinales infrecuentes no son necesariamente un síntoma de estreñimiento; algunos niños que se alimentan con leche materna pueden tardar varios días en defecar, pero siempre que las heces sean blandas y fáciles de expulsar no tienes de qué preocuparte.

El estreñimiento no es una enfermedad en sí mismo, sino un síntoma de trastornos en el funcionamiento normal de la digestión del bebé. En efecto, al niño le resulta difícil o incluso doloroso eyectar las heces que se han formado. Tal vez esté ingiriendo pocos líquidos, endureciéndolas y dificultando su expulsión; la deshidratación es una causa muy común del estreñimiento, y los bebés que se alimentan con biberón pueden tener problemas si la leche de fórmula no se mezcla correctamente. Asimismo, aunque los bebés y los niños de 2 a 4 años no necesitan una dieta rica en fibra, la falta de esta sustancia puede provocar estreñimiento.

La fibra retiene agua, ablandando las heces y confiriéndoles volumen, con lo cual son más fáciles de excretar. En ocasiones, otros factores, tales como el estrés o las rabietas, pueden ocasionar la retención física de las heces. Si crees que tu hijo puede estar estreñido, deberías consultar de inmediato a tu pediatra. En la página 32 encontrarás más información sobre el tratamiento del estreñimiento.

> ## EL ESTREÑIMIENTO DE CHARLIE
>
> Charlie siempre había sido muy irregular, expulsando las heces cada tres o cuatro días. Al principio no me preocupé, pues todos me decían que era normal. Pero cuando cumplió 2 años, el estreñimiento se convirtió en un verdadero problema, desarrollando una fisura anal. Entramos en un círculo vicioso: no defecaba porque le dolía y cuanto más retenía las heces, más incómodo se sentía. Me parecía estar pasando la mitad de mi vida en la consulta del pediatra, con continuas recetas de supositorios, ablandadores de heces y laxantes suaves. Tanto empeoraron las cosas que tuvimos que ingresarlo en el hospital para que le administraran un edema. Ahora tiene 4 años y sólo defeca cada dos días, pero por lo menos el cuadro de estreñimiento parece haber remitido.

Estreñimiento espástico

Este tipo de estreñimiento está causado por el espasmo intestinal y la retención de pequeños fragmentos de heces hasta que se secan en forma de bolitas. En tal caso, las heces se presentan como una serie de bolas pequeñas y duras, difíciles de expulsar. El estreñimiento espástico sólo se produce en los niños sujetos a una dieta de leche de fórmula o alimentación sólida. A veces, esta patología se cura introduciendo cambios en la dieta, aunque deberías consultarlo con tu pediatra.

Fisura anal

El estreñimiento endurece las heces, y su excreción puede dar lugar a un pequeño desgarro (fisura anal) en la delicada membrana mucosa del ano. La expulsión de las heces es muy dolorosa y puede propiciar una pequeña hemorragia. Aunque a primera vista es preocupante, la hemorragia no suele ser grave. Los niños con fisura anal pueden retener las heces para evitar el dolor, lo cual complica aun más el problema, ya que se endurecen más y resultan más difíciles de excretar. Beber muchos líquidos contribuye a ablandarlas. Dado que el área siempre está húmeda, la curación lleva tiempo.

Diarrea

Se produce cuando el tejido que forra el intestino se irrita o daña, y el agua de las heces no se reabsorbe antes de su excreción. La expulsión de heces más blandas de lo normal es bastante común en los niños pequeños, ya que su intestino puede verse afectado fácilmente por gérmenes o nuevos alimentos. Siempre que el bebé esté sano, orine con normalidad y la diarrea no se prolongue durante más de un par de días, no hay de qué preocuparse.

La diarrea grave se produce cuando el niño expulsa heces líquidas con frecuencia. Si dura más de dos días y está acompañada de vómitos y fiebre, puede estar causada por una infección orgánica y necesitar tratamiento. Otra posibilidad es que tenga problemas al digerir ciertos tipos de alimentos, como el gluten (la proteína del trigo) o algunos tipos de azúcares. A veces, la ingestión de antibióticos puede provocar un cuadro diarréico ocasional (véase p. 31; más información sobre el tratamiento de la diarrea).

Diarrea de reflejo

Desde el final del primer año de edad hasta los dos o tres años, la forma crónica más común de diarrea entre los niños es la llamada diarrea de reflejo, que carece de una causa médica evidente y que según los especialistas se debe a un reflejo exagerado entre el estómago y el intestino. Es una consecuencia de la comida excesiva, demasiados tentempiés y bebidas frías, sobre todo zumo de frutas. En cualquier caso, si tu hijo está bien y se siente feliz, goza de buen apetito y gana peso con normalidad, no hay de qué preocuparse. Aunque desaparece con el tiempo, esta forma de diarrea puede complicar la retención de las heces durante el adiestramiento en el uso del baño.

ATENCIÓN

El dolor abdominal es muy común en los niños pequeños, aunque en su mayoría no son graves y desaparecen por sí solos. No obstante, si a tu hijo le duele la barriguita y eso va acompañado de los síntomas siguientes, deberías consultar al pediatra:

- Fiebre alta o pulso acelerado

- Falta de energía

- Pérdida inusual del apetito

- Abdomen blando al tacto

- Dolor que continúa o empeora en un período de varias horas

- Dolor al ir al baño, vómitos, diarrea, estreñimiento o inflamación abdominal

DOLOR DE BARRIGA

Nunca había oído hablar de la diarrea de reflejo hasta que Barney cumplió 18 meses. Siempre había sido bastante prolífico en este aspecto, hasta el punto de hacer caca cuatro o cinco veces al día, ¡pero a los 16 meses sus movimientos intestinales adquirieron un calibre realmente explosivo! Cuando salíamos de casa, siempre llevaba dos o tres juegos de ropita de repuesto, ya que el pañal no conseguía retener tan cantidad de heces.

Estaba perfectamente sano y se sentía bien. Por lo demás, todas las pruebas realizadas dieron un resultado normal. Empecé el adiestramiento para el uso del baño a los dos años y medio, y dejó de orinarse rápidamente, pero le costó muchísimo más evitar las caquitas a causa de la diarrea. Al final lo logró, aunque aún hoy, a los 5 años, continúa haciendo caca un par de veces al día.

Gastroenteritis

Es una condición grave causada por un virus o bacteria, y puede ser el resultado de la ingestión de alimentos tóxicos. El intestino se irrita e inflama, lo cual produce una frecuente diarrea acompañada de dolor abdominal, vómitos y fiebre. La diarrea y los vómitos pueden provocar una rápida deshidra-tación, un cuadro muy peligroso para los bebés y niños de corta edad. Consulta de inmediato al pediatra. En el caso de gastroenteritis bacterianas severas, el médico puede recetar antibióticos, los cuales no resultan eficaces en las infecciones víricas, pudiendo agravar aún más la diarrea.

La bacteria *Clostridium* es una de las múltiples especies de microorganismos causantes de la gastroenteritis.

2 Cuidados especiales del culito del bebé

Situado como está en el extremo inferior del sistema orgánico de eliminación de residuos, no es de extrañar que el culito del bebé sea un área de alto mantenimiento. Durante sus primeros años de vida, el niño pasará la mayor parte del tiempo con pañales y deberás tener el máximo cuidado para asegurarte de que su culito está sano, limpio y seco. Si surge algún problema, desde estreñimiento hasta irritación provocada por el pañal, debes saber cuál es la mejor forma de solucionarlo. Presta atención a este capítulo.

Elección de los pañales

Los pañales van a jugar un papel esencial en tu vida durante los próximos años. De ahí que sea muy importante elegir los que se adapten mejor tanto a tu estilo de vida como al de tu hijo. Aunque se venden en una amplia gama de tipos, estilos y tamaños, la elección básica se establece entre los pañales desechables y los lavables.

Sin duda alguna, los desechables son más prácticos que los lavables, que hay que enjuagar, esterilizar, lavar y secar. Por otro lado, al poder reutilizarse, resultan muchísimo más económicos a largo plazo. Asimismo, muchos padres consideran un desperdicio innecesario tirar a la basura un pañal cada vez que cambian al niño. Sea cual sea tu preferencia, nada impide ser flexible y optar por una combinación de ambos, como por ejemplo, lavables en casa y desechables cuando estás fuera de ella.

Pañales desechables

Funcionan de la forma siguiente: la humedad empapa la capa exterior del pañal, debajo de la cual hay un gel que absorbe la orina y mantiene seca la piel del bebé.

Algunos pañales para recién nacidos también absorben las heces líquidas. Se fabrican en una gran variedad de formas y tamaños, con bandas elásticas a nivel de la cintura y de los muslos, y forros protectores impermeables. Algunos están impregnados de una loción especial para evitar la irri-

Entre el nacimiento y el adiestramiento para el uso del baño, es posible que tengas que cambiar seis mil veces los pañales a tu hijo. No siempre te sentirás encantada con la superproducción fecal del niño, pero cambiárselos te dará la oportunidad de fomentar una estrecha relación de intimidad entre ambos.

Como consecuencia de los avances en la tecnología de los pañales, los modernos desechables son superabsorbentes y se adaptan a la perfección incluso al más activo de los bebés.

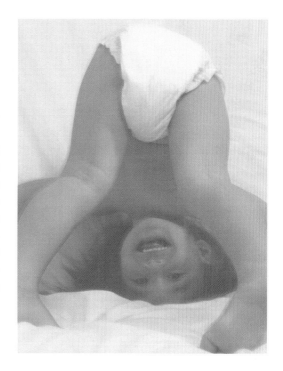

tación. Aunque son muy absorbentes, hay que cambiarlos con regularidad.

Los pañales desechables son unisex, ya que su absorbencia es la misma tanto para los niños como para las niñas. Algunos pañales para recién nacidos se fabrican con un material más suave que los indicados para bebés más mayorcitos, abultan menos debajo de la ropa interior y son muy elásticos, ideales para los niños extremadamente activos. Antes de elegir los que se adaptan mejor a las necesidades de tu hijo, es aconsejable probar diferentes marcas.

ELECCIÓN DE PAÑALES

Cuando estaba embarazada de mi primer hijo, decidí que usaría pañales de tela y un servicio de lavandería; me preocupaba la enorme cantidad de pañales desechables que iba a necesitar el bebé y el efecto que podían tener en el medio ambiente. Pero a los dos meses cambié de opinión. Aunque el servicio de lavandería era extraordinario, resultaba caro, y además tenía que escurrirlos y esterilizarlos antes de que los recogieran. Si bien es cierto que me siento un poco culpable, los pañales desechables son muchísimo más prácticos.

Eliminación de los pañales desechables

Si usas pañales desechables, lo más probable es que tu recién nacido necesite doce al día, siete durante el primer año y alrededor de cinco cuando sea un poquito mayor. Aun así, la cantidad es considerable. Aunque no hay duda de que los desechables son más prácticos que los lavables, su uso puede resultar bastante caro, y a pesar de su nombre, no son tan fáciles de desechar como podrías imaginar. La mayoría de ellos se envuelven o se meten en bolsas de plástico que neutralizan los olores fuertes y se tiran a la basura. También existen unidades portátiles de desecho que envuelven y sellan el pañal en un film de plástico muy resistente para que se puedan acumular en el recipiente durante varios días antes de tirarlos.

Pañales lavables

En la actualidad, existe una amplísima variedad de papales de tela en el mercado, desde los simples cuadraditos de algodón hasta los que disponen de capas interiores absorbentes y capas exteriores impermeables. Los nuevos materiales y los tejidos de alta tecnología ofrecen a los padres de hoy en día una amplia gama de posibilidades de elección. En realidad, muchos de los avances tecnológicos que incorporan los fabricantes de pañales desechables también se pueden encontrar en los de tela, con la diferencia de que, a diferencia de aquéllos, los lavables se pueden utilizar una y otra vez. Existen tres categorías básicas de pañales lavables: los cuadrados de tela tradicionales, los pañales premoldeados y los multifuncionales.

Cuadrados de tela tradicionales

Los pañales de tela más tradicionales consisten en un cuadradito que se puede doblar de muy diferentes formas para adaptarlo a la anatomía y tamaño del bebé. Suelen ser los más económicos y se secan enseguida. Su gran capacidad de adaptación permite conseguir un excelente ajuste.

Estos pañales se sujetan con imperdibles o envoltorios especiales. El tejido utilizado en su fabricación se presenta en diversas absorbencias y cualidades. Por regla general, a mayor absorbencia, mayor precio. Elige los que se ajusten a tu presupuesto.

ENFOQUE NATURAL

Es una buena idea prelavar los pañales de tela nuevos antes de ponérselos al bebé. Evita el uso de detergentes y lejía, que pueden irritar la sensible piel del niño. Algunos acondicionadores de tela harán que los pañales sean menos absorbentes. Es preferible utilizar la alternativa tradicional de añadir medio vaso de vinagre blanco en el enjuagado final.

RUTINAS DE LAVADO

He usado pañales de tela premoldeados con mis tres hijos. Cuando te acostumbras a la rutina de enjuagado y esterilizado, es muy práctico. Los lavaba cada dos días en la lavadora y los secaba a la intemperie o en la secadora. Se ajustan con la misma eficacia de los desechables y cuestan muchísimo menos dinero.

Pañales premoldeados

Estos pañales se venden previamente adaptados a la forma del culito del bebé, evitando todos los inconvenientes del doblado y sujeción con imperdibles. La mayoría de ellos disponen de una cintura elástica, además de sujeciones Velcro que los mantienen en su sitio. Se suelen fabricar con una cubierta impermeable.

Pañales multifuncionales

Algunos de los pañales de la gama más alta facilitan aún más si cabe la tarea a los padres ocupados. Todo está incluido. Están moldeados igual que los desechables y disponen de una capa interior absorbente, sujeciones de Velcro, bandas elásticas y cubierta impermeable. Son tan prácticos y fáciles de usar como sus homólogos desechables, pero cuando están mojados o sucios se pueden lavar en lugar de tirarlos a la basura.

En cualquier caso, ten en cuenta que tu hijo crecerá rápidamente. En este sentido, para confort, ajuste y perfecta retención de la orina y las heces, no hay nada como los pañales cuadrados de tela bien doblada.

Costes adicionales

Los pañales lavables tienen la ventaja de ser de compra única, lo cual los hace mucho más económicos que los desechables, aunque tendrás que añadir el coste de esterilización y lavandería. Si utilizas pañales lavables, vas a necesitar entre 20 y 24, además de imperdibles, forros biodegradables, compresas absorbentes desechables y cubiertas protectoras, dependiendo del tipo de pañal que hayas elegido. Todos los pañales de tela deben esterilizarse después de su uso. Así pues, necesitarás un par de cubos especiales para pañales, a ser posible con tapa, y un poco de solución esterilizadora.

Forros

El uso de un forro biodegradable entre el pañal y la piel del bebé te permitirá tirarlo directamente en el inodoro con el pipí o la caca correspondiente. También te ayudará a evitar que se ensucie el pañal. Al retirar el forro, los restos de heces se pueden lavar bajo el grifo del agua corriente, y si se trata de orina, puedes tirarlo en el cubo de la basura.

Algunos forros biodegradables se pueden lavar, secar y reutilizar varias veces siempre y cuando se trate de orina.

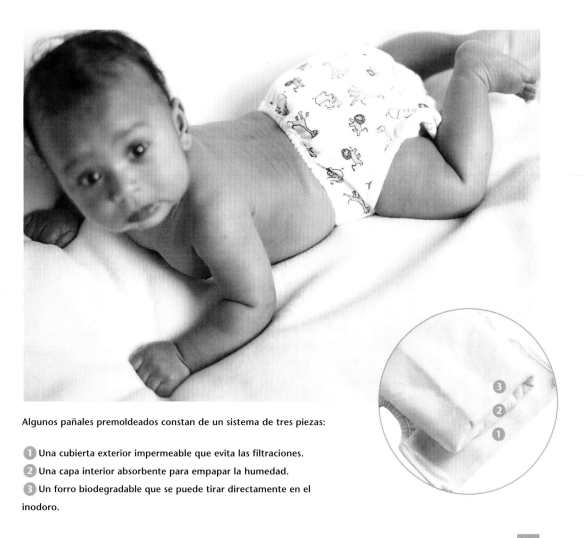

Algunos pañales premoldeados constan de un sistema de tres piezas:

1 Una cubierta exterior impermeable que evita las filtraciones.

2 Una capa interior absorbente para empapar la humedad.

3 Un forro biodegradable que se puede tirar directamente en el inodoro.

Cuidado de los pañales lavables

Los días en que había que hervir los pañales forman parte del pasado. De hecho, si se hierven con frecuencia se puede reducir su eficacia. Consulta las instrucciones de lavado la primera vez que los compres, ya que, como comprobarás, cada tipo de pañal tolera diferentes temperaturas máximas de lavado. En términos generales, la temperatura adecuada se sitúa en torno a los 60 °C, aunque algunos requieren 95 °C.

Esterilización

Los pañales usados deben esterilizarse en un cubo especial antes de lavarse (véase recuadro de la derecha). Lo puedes hacer con cualquiera de las marcas de soluciones disponibles en el mercado, si bien algunas pueden afectar la banda elástica en el caso de pañales premoldeados. Lee atentamente las instrucciones. Si prefieres una alternativa natural de estas soluciones, consulta el recuadro inferior. Sea cual sea el tipo que utilices, deberás elaborar solución fresca cada día.

Enjuagado y lavado

Es posible que quieras lavar los pañales a diario o que te resulte más práctico esperar hasta haber acumulado unos cuantos pañales durante un par de días.

Después de esterilizarlos, elimina el exceso de líquido y, con un par de guantes de goma, mete los pañales en la lavadora. No laves otras prendas de vestir con los pañales. Empieza con un prelavado o enjuagado corto y luego enjuágalos a fondo con agua fría antes de lavarlos a la temperatura recomendada. Algunas soluciones esterilizadoras no requieren lavar los pañales con detergente después del enjuagado. Consulta las instrucciones del fabricante.

Secado

El sol secará naturalmente y blanqueará los pañales. Así pues, si es posible, ponlos a secar a la intemperie. Si no tienes más remedio que secarlos dentro de casa, cuélgalos de un tendedero; los radiadores los endurecen y resultan incómodos. La mayoría de los pañales se pueden centrifugar, lo que permite conservarlos suaves y elásticos.

Cubierta de plástico

Si usas una cubierta de plástico sobre la tela del pañal, lávala en agua tibia con un poco de detergente líquido. Sécalos en la centrífuga para evitar que el plástico se vuelva quebradizo o cuélgalo para secarlo. Procura que el plástico no entre en contacto con cremas y ungüentos para pañales.

Servicios de lavandería

Los padres a los que les abruma la idea de lavar los pañales y secarlos tal vez prefieran recurrir a un servicio local de lavandería. El coste adicional de este servicio, sobre todo si dispones de una lavadora, puede ser considerable, aunque no deja de ofrecer innumerables ventajas para los padres ocupados. Asimismo, este servicio dispone de otra posible ventaja ecológica, ya que al lavar una gran cantidad de pañales al mismo tiempo, se ahorra electricidad y agua. Por lo demás, no hay que menospreciar la satisfacción de recibir un par de veces por semana una partida de pañales limpios, suaves y recién lavados.

ENFOQUE NATURAL

En lugar de usar soluciones agresivas de marca para la esterilización, ¿por qué no optar por una alternativa natural? Si añades dos o tres cucharadas de vinagre blanco destilado o cinco gotas de aceite de té en un recipiente de agua de tamaño medio obtendrás una solución eficaz y ecológica.

ESTERILIZACIÓN DE PAÑALES

Esterilizar, lavar y secar los pañales de tu hijo puede llevar mucho tiempo. Procura tener a mano todo lo que vas a necesitar antes de empezar. Los pañales con heces se deberían esterilizar en un cubo diferente a los que sólo contienen orina. Así pues, es una excelente idea tener cubos de diferentes colores para identificarlos con facilidad.

1 Ponte unos guantes de goma y elabora la suficiente solución esterilizadora en un cubo hasta cubrir completamente los pañales que vas a esterilizar. Asegúrate de que la solución esté fuera del alcance de los niños.

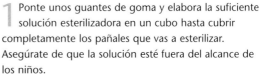

2 Después de enjuagarlos y decapar la suciedad de los pañales, sumérgelos en la solución y déjalos en remojo durante seis horas.

3 Con unas pinzas retira los pañales de la solución esterilizadora, vierte la solución y, con unos guantes de goma, métatelos en la lavadora.

Cuestiones medioambientales

Se han realizado muchos estudios acerca del impacto medioambiental de los pañales, aunque el hecho de haber sido efectuados por fabricantes de pañales desechables o lavables, sus resultados no son ciento por ciento objetivos.

Lavables

Aunque el material de que están hechos son más ecológicos que los desechables, lavar pañales de tela consume electricidad, agua y detergente, todo lo cual tiene un innegable impacto en el entorno. Esto se puede reducir utilizando un servicio de lavandería (véase p. 22).

Desechables

Alrededor del 90% de los pañales desechables terminan en vertederos, y se estima que algunas partes de los mismos tardan 500 años en descomponerse por completo. La mayoría de ellos contienen pulpa de papel, gel absorbente, plásticos y aditivos químicos, los cuales afectan al medio ambiente; la pulpa de papel produce dióxido de carbono y metano al descomponerse. Como respuesta a estas preocupaciones, en la actualidad existe un cierto número de pañales desechables que cuidan el entorno, diseñados para descomponerse más rápidamente y utilizar menos geles y blanqueantes químicos, aunque suelen ser más caros que los ordinarios.

Métodos para cambiar los pañales

Cualquiera que sea el tipo de pañal que utilices, debes cambiar al bebé cuando se ha hecho pipí o caca para que su piel no esté demasiado tiempo en contacto con la orina o las heces. El número de veces que tendrás que cambiarlo variará de un día a otro, aunque por regla general deberías hacerlo por la mañana al despertarse, después de cada toma, después del baño y por la noche antes de acostarse.

Antes de empezar, reúne todos los enseres necesarios para no tener que dejarlo solito mientras lo cambias. Coloca una toalla doblada o una esterilla especial en el suelo o en la cama, o en el caso de que uses un cambiador, acuéstalo en el tablero almohadillado y ajústale el arnés de seguridad si lleva uno incorporado. Recuerda que siempre existe el riesgo de que el pequeñín, sobre todo si se muestra muy activo, pueda rodar y caer al suelo; vigílalo constantemente.

Limpieza del bebé

Antes de cambiarle el pañal, limpia a conciencia el área que recubre para evitar que queden restos de orina o de heces en su piel que pudieran causarle pruritos. En lugar de utilizar jabones o geles de baño, que pueden irritar o resecar la sensible piel del niño, usa una esponja natural o lana de algodón empapada de loción para bebés o agua.

Siempre que os sea posible, cambiad los pañales del bebé los dos juntos. Es una excelente oportunidad para estrechar los vínculos emocionales con vuestro hijo.

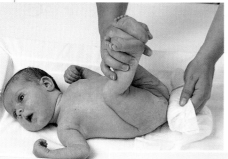

1 Al quitarle el pañal, enjuaga las heces y los restos de orina con una esquina limpia. Luego, suavemente pero con firmeza, sujeta las piernas del niño hacia abajo, sobre la esterilla del cambiador, y límpiale la barriguita con una esponja natural o una bolita de lana de algodón humedecida.

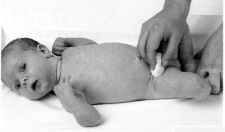

2 Con una esponja limpia o una bolita de algodón, limpia las ingles y la parte superior de los muslos del bebé, siempre hacia abajo, alejándote del cuerpo. Si es un niño, usa una esponja natural para limpiar la piel que rodea el pene y los testículos.

3 Sujétalo por los tobillos y levántale el culito. Si se trata de una niña, límpiale la piel alrededor de la vulva con una esponjita, pero nunca en su interior. Pasa la esponja con una acción de delante hacia atrás, alejándote de la vulva. De este modo evitarás cualquier infección producida por las bacterias del ano. Por último, limpia el dorso de los muslos y el culito de tu hijo.

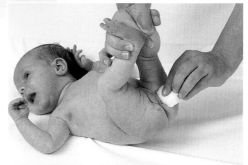

ATENCIÓN

No intentes limpiar debajo de la piel del prepucio en el caso de un niño incircunciso; está muy tensa durante los primeros años de vida, y tirar de ella hacia atrás podría lastimarlo, además de resultar muy doloroso. A medida que vaya creciendo, la piel se retraerá con más facilidad. Entretanto, no hace falta limpiarla.

A menudo, los niños pequeños se orinan al quitarles el pañal. Así pues, antes de quitárselo completamente, sostén la parte delantera del pañal sobre su pene durante algunos segundos.

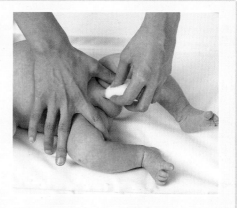

LIMPIEZA DE UN NIÑO VARÓN

Cómo poner un pañal nuevo

Cuando el área del pañal esté limpia y seca, es una buena idea esperar un ratito antes de ponerle otro nuevo. De este modo, se ventilará el culito. Si lo deseas, también puedes aplicarle un poco de crema protectora especial para evitar la irritación de su delicada piel.

Cuando le coges el truco, los pañales desechables son muy fáciles de poner, al igual que los premoldeados, que se ajustan prácticamente de la misma forma. Por el contrario, los lavables pueden causar más problemas, ya que los cuadrados de tela se pueden doblar de diferentes maneras para adaptarse al tamaño del bebé y a la absorbencia requerida.

El doblez en forma de cometa (véase recuadro inferior de la página siguiente) es uno de los más prácticos, pues resulta muy fácil de adaptar al tamaño del pequeñín. El doblez rectangular es aún más simple si cabe: dobla el cuadrado de tela por la mitad para formar un rectángulo y luego dobla uno de los lados más cortos hacia el centro, más o menos a un tercio. Esta sección más gruesa se puede colocar en la parte delantera en los niños y debajo del culito en las niñas.

PAÑALES DESECHABLES

1 Sujeta al bebé por los tobillos y levántale suavemente el culito. Desliza el pañal abierto por debajo del culito, con las presillas adhesivas arriba. Coloca la base del pañal entre las piernas del pequeñín. Si es un niño, asegúrate de que el pene apunta hacia abajo para evitar que se orine en la banda elástica.

2 Sujeta con firmeza la sección delantera del pañal sobre la barriguita del bebé y pega la presilla de un lado. Comprueba que el pañal no está torcido y que se adapta perfectamente alrededor de los muslos. Deja un espacio de un dedo entre la barriguita del niño y la cintura del pañal. Pega la presilla del otro lado. Si está demasiado apretado o excesivamente suelto, despega las presillas y recolócalo.

PAÑALES DE TELA DOBLADOS

1 Dobla el cuadrado de tela de la forma que prefieras, a menos que ya esté premoldeada, y extiéndelo sobre la esterilla del cambiador o una toalla. Coloca suavemente al bebé sobre el pañal, sujétalo por los tobillos y desliza el pañal por debajo del culito, de manera que el lado superior de la tela quede alineado con su cintura.

2 Sujeta la base del pañal y pásalo entre las piernas del niño. Si es un niño, asegúrate de que el pene apunte hacia abajo. Entra los lados, procurando que el pañal quede bastante ajustado, ya que cuando pongas los imperdibles se soltará un poco.

3 Desliza los dedos entre el pañal y la piel del bebé para no pincharlo, y coloca los imperdibles a ambos lados. Ajústalo con cuidado. Deberías poder pasar un dedo entre la piel y los costados del pañal. Si quieres, puedes cubrirlo con unos empapadores de plástico.

DOBLEZ EN COMETA

1 Extiende el pañal de tela en una superficie plana y dobla dos lados adyacentes hasta el centro para darle la forma de una cometa.

2 Dobla las dos puntas de la cometa hasta el centro y ajusta la punta en la que se encuentran para modificar su tamaño. Alinea el borde superior más largo con la cintura del bebé y pasa el borde más corto entre sus piernas.

Irritación provocada por el pañal

La piel del bebé es extremadamente delicada y su grosor es casi la mitad de la de un adulto. De ahí que sea muy probable que tarde o temprano, durante sus años de pañales, sufra una irritación provocada por el pañal.

Este tipo de irritación se produce cuando la orina reacciona con las heces, provocando una conversión bacteriana de la orina en amoníaco, lo cual crea un álcali que irrita la piel. Otra causa puede ser el roce del mismo pañal en la piel mientras el niño se mueve, además de los perfumes, detergentes y algunos productos químicos que se utilizan en la fabricación de los pañales, aceites y lociones. La irritación provocada por el pañal suele ser muy habitual en los bebés de tres a seis meses, aunque es menos común en los niños que se alimentan de leche materna, ya que ésta produce una orina más ácida, contrarrestando el efecto del amoníaco.

Deja que tu bebé pase un rato sin pañales cada día. La luz y el aire acelerarán el proceso de curación.

LA IRRITACIÓN DE BARTY

Cambié los pañales de tela por los desechables cuando Barty cumplió tres meses. Al principio pensé que eran maravillosos, pues parecían estar secos una eternidad. Luego, Barty desarrolló una irritación provocada por el pañal. Su culito estaba muy enrojecido y no había duda de que se sentía incómodo. Al pensar en ello me di cuenta de que dado que los pañales desechables eran más absorbentes y que Barty no se había mojado, le dejaba el pañal horas y horas. Cuando empecé a cambiárselos más a menudo la irritación no tardó en desaparecer.

Reconocer los signos

La irritación puede variar entre un ligero enrojecimiento hasta dolorosos eccemas, y suele afectar al culito, genitales e interior de los muslos. Es especialmente grave cuando aparece en los pliegues de la piel del bebé, y el área afectada casi siempre está rodeada de una hilera de puntitos.

En ocasiones, la irritación provocada por el pañal se puede agravar por una infección ocasionada por una especie de organismo similar a la levadura que se conoce con el nombre de afta. Es muy probable que el pequeñín esté afectado por aftas si la irritación persiste, si aparecen ampollas o manchas blancas, o si hay pus. Consulta de inmediato a tu pediatra, que podría recetar una crema antihongos.

Prevención

Como dice el refrán, más vale prevenir que curar. Procura que la piel de tu hijo esté lo más seca y limpia posible y no olvides cambiarle los pañales con regularidad, aun en el caso de que parezcan estar secos. Limpia a fondo el área del pañal cada vez que lo cambies, prestando una especial atención a los pliegues de la piel. Aplícale una crema protectora para evitar que entre en contacto con la orina y las heces. Deja al bebé un rato sin el pañal a diario. También podrías darle un poco de zumo de arándanos al acostarle, ya que contribuye a que la orina sea más ácida, evitando el desarrollo de bacterias.

TRATAMIENTO DE LA IRRITACIÓN PROVOCADA POR EL PAÑAL

1 Cambia los pañales mojados o con excreciones fecales rápida y regularmente. Antes de quitarlo, sujeta al bebé por los tobillos y levántale el culito. De este modo, el pañal no rozará el área irritada mientras lo deslizas.

2 Limpia a conciencia el área del pañal (véase p. 25) con aplicaciones continuas en lugar de frotar. Así evitarás que empeore la irritación. Usa una esponja natural o lana de algodón y agua. Si tu hijo tiene la piel muy sensible, límpialo sólo con agua.

3 Aplica una crema especial para este tipo de irritación en el área afectada para curarla y aliviar el escozor, aplicando una capa muy fina para que no interfiera con la absorbencia del pañal. Coloca el pañal nuevo de manera que quede bastante suelto y recorta un poco de la banda elástica de los muslos para que entre el aire.

Otros posibles problemas

Independientemente del cuidado y atención con los que trates el culito del bebé, es habitual que durante los primeros años tenga algún que otro problema. El sistema digestivo, delicado y en continuo desarrollo, es especialmente susceptible a sufrir trastornos tales como el estreñimiento o diarrea. Si es el caso de tu hijo, consuélate pensando que no es el único. Son muy pocos los bebés que tienen la suerte de tener un culito sin problemas.

Infecciones del tracto urinario

Si sospechas que el chiquitín tiene una infección del tracto urinario (ITU), es importante que lo lleves inmediatamente al pediatra, ya que la mayoría de ellas remiten enseguida con antibióticos. Presta atención a los signos siguientes: pipí más frecuente de lo normal, fiebre, irritabilidad, pérdida del apetito, náuseas y vómitos, malestar general, orina con un olor inusual y dolor de barriga.

Tratamiento

Dale agua en abundancia; esto ayuda a eliminar las bacterias del tracto urinario, pero no lo fuerces a beber más de lo que necesite. En general, el médico te recetará antibióticos para tratar la infección, y a las dos o tres dosis, remitirá. No dejes de administrarle la medicación antes de tiempo, ya que las infecciones pueden rebrotar con suma facilidad. Es posible que haya que realizar algunas pruebas adicionales al pequeño para verificar si le ha afectado el riñón o ha originado alguna anormalidad en el tracto urinario.

Demasiado zumo de frutas pueden desencadenar una diarrea, sobre todo en los niños pequeños. El zumo es bueno para los más mayorcitos, siempre que la ingesta no sea excesiva. Dilúyelo bien si la diarrea es un problema.

Sangre en la orina

La orina de color rojo o teñida de rojo puede ser un síntoma de hemorragia en el tracto urinario. Lleva urgentemente a tu hijo al médico. Es muy probable que prescriba un análisis de orina para identificar la causa, amén de otros tests de diagnóstico. Ante la sospecha de un problema renal, es posible que el pequeño necesite atención hospitalaria. Ten presente que beber algunos líquidos de color oscuro, tales como zumo de grosella, pueden provocar cambios alarmantes, aunque inocuos, en la coloración de la orina del bebé.

Diarrea

La diarrea moderada es habitual en los bebés y en los niños pequeños, y se debe generalmente a gérmenes, un cambio en la dieta o incluso a un exceso de zumos de frutas. Siempre que la diarrea remita en un par de días y tu hijo esté alegre y feliz, orinando con la frecuencia usual y no muestre otros signos de enfermedad distintos de una ligera pérdida del apetito, no hay de qué preocuparse. Dale de beber más agua que de costumbre, zumo de frutas muy diluido o una solución electrolítica especial, y continúa con la dieta normal, incluyendo la leche materna o de fórmula, según se trate.

Diarrea grave

Si el niño sufre una diarrea severa, es decir cuando se prolonga durante más de dos días, deberías consultar al pediatra. Tal vez necesite tratamiento médico ante el riesgo de deshidratación. Si la diarrea está ocasionada por una infección –acompañada de vómitos o fiebre–, es probable que el pediatra recete antibióticos, aunque no resultan eficaces cuando la infección es vírica, en cuyo caso el médico tal vez decida tomar una muestra de las heces. Otra posible causa de la diarrea es que el bebé tenga dificultades para digerir un nuevo alimento, un

Si te preocupa que tu hijo pueda tener algún trastorno urinario, un simple análisis para detectar la presencia de sangre o bacterias en la orina puede detectar si existe una infección o una irritación del tracto urinario.

cuadro que suele desaparecer al retirarlo de la dieta. Sea como fuere, tu hijo necesita una dieta bien equilibrada. Así pues, nunca debes excluir un alimento sin consultarlo previamente con tu pediatra. Procura que el pequeñín esté bien hidratado y consulta siempre al médico antes de administrarle cualquier medicación para la diarrea.

Estreñimiento

No es el número de movimientos intestinales lo que indica que el bebé padece estreñimiento, sino la textura de las heces. En efecto, tu hijo estará estreñido si son muy duras, secas y difíciles de expulsar. Con frecuencia, el estreñimiento está estrechamente relacionado con lo que el niño ha comido o bebido, así como a una carencia de fibra o de líquidos, si bien es cierto que a algunos bebés también les afectan los disgustos o los cambios en la rutina.

Los chiquitines que se alimentan con biberón pueden sufrir estreñimiento si no ingieren la cantidad suficiente de leche en cada toma, el agua y la leche de fórmula no se mezclan en la justa proporción o si están deshidratados. Cuando empieces a destetar a tu hijo y a darle alimentos semisólidos o sólidos, es posible que algunos de ellos le provoquen estreñimiento. Fíjate en si las heces son duras al día siguiente de haber comido determinado alimento. El estreñimiento severo puede estar causado por la falta de hormona tiroidea, o enfermedad de Hirschprung (véase p. 13), y requerirá investigación médica.

Tratamiento

El estreñimiento puede remitir incrementando la ingesta de líquidos. En el caso de niños mayorcitos suele ser eficaz una dieta rica en fibra, inclu-

---

CONTENIDO EN FIBRA DE ALGUNOS ALIMENTOS COMUNES

Aunque los niños no necesitan una dieta rica en fibra, lo cierto es que ésta es necesaria para que su sistema digestivo funcione a la perfección y para evitar el estreñimiento. Para niños mayores de 2 años, la Asociación Dietética Americana recomienda aplicar la fórmula «edad de tu hijo más 5» para calcular el número mínimo de gramos de fibra que debe ingerir a diario.

Asimismo, es importante que el pequeñín beba muchos líquidos; su falta es una causa muy habitual de estreñimiento.

fuente	1	2	3	4	5	6	7	8	9	10*	fuente
Harina integral											Col
Pan integral											Maíz tierno
Pan blanco											Patatas
Arroz integral											Fríjoles
Arroz blanco											Judías cocidas (enla
Cereales											Guisantes
Manzanas											Albaricoques
Plátanos											Ciruelas
Aguacates											Dátiles
Zanahorias											Pasas de Corinto
Espinacas											Almendras

* Número de gramos de fibra por 100 g de alimento

El estreñimiento severo puede ser muy doloroso y debería ser tratado por el pediatra. Presta atención constante a la conducta del niño para asegurarte de que no está sufriendo en silencio.

yendo zumos de frutas en abundancia, verduras y cereales. Si sospechas que un determinado alimento es el responsable del estreñimiento de tu hijo, elimínalo de su dieta durante algunos días y luego vuelve a dárselo. Si el resultado es el mismo, reduce la cantidad de dicho alimento o evítalo durante unas cuantas semanas. Luego, introdúcelo de nuevo. Como comprobarás, un alimento

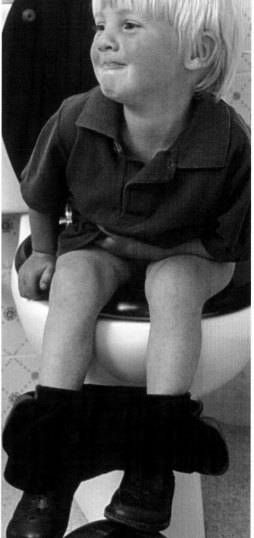

1	2	3	4	5	6	7	8	9	10*

que puede ser un problema en las primeras etapas del destete deja de serlo cuando el niño crece un poquito. Si el niño muestra una intolerancia muy prolongada a un cierto alimento, es recomendable eliminarlo completamente, aunque siempre debes consultarlo con tu pediatra antes de excluirlo de la dieta.

Si el estreñimiento se convierte en un verdadero problema, es posible que el médico sugiera la administración de ablandadores de las heces, que facilitan su expulsión. No le des nunca laxantes a menos que te los haya recetado el pediatra.

Alergia e intolerancia a determinados alimentos

La diarrea persistente puede ser un signo de alergia o intolerancia a un alimento determinado, y es posible que vaya acompañada de pruritos, irritaciones, cambios en el comportamiento o insomnio. El término «alergia» se emplea a menudo para describir una reacción anormal a un alimento, aunque una auténtica respuesta alérgica puede afectar al sistema inmunológico del niño. No suele darse con frecuencia y habitualmente provoca un enrojecimiento de la piel. Por el contrario, la intolerancia alimenticia es mucho más común e indica simplemente la incapacidad del niño de digerir o una hipersensibilidad a un alimento determinado, como por ejemplo la lactosa en la leche o el gluten en el trigo.

Tratamiento

La exclusión del alimento en cuestión de la dieta es la mejor forma de tratar una alergia o intolerancia, aunque no es una buena idea excluirlo permanentemente sin consultarlo previamente con el pediatra, que junto con el dietista te ayudará a establecer una dieta sana y bien equilibrada para tu bebé. La leche materna evita la aparición de alergias. También es aconsejable introducir los nuevos alimentos de una forma gradual. Los alérgenos infantiles más habituales son la leche de vaca, los productos lácteos, los huevos, los zumos de cítricos y el trigo.

Sangre en las heces

Los hilillos de sangre en la parte exterior de las heces del niño pueden estar causados por una fisura anal o un ligero desgarro en la delicada membrana mucosa del ano, que sangra cuando las heces duras la someten a presión. No suele ser grave y casi siempre responde a un tratamiento casero. Procura mantener las heces blandas incluyendo líquidos en abundancia y fibra en la dieta, y consulta al farmacéutico acerca de cremas especialmente formuladas para lubrificar el ano del bebé y facilitar la curación. Si el problema persiste, consulta con el pediatra el estreñimiento de tu hijo.

La hemorragia abundante en las heces es muy infrecuente, pero se puede producir como consecuencia de una diarrea severa, intususcepción (cuando una parte del intestino se repliega sobre sí mismo) o una malformación intestinal. Consúltalo de inmediato con el pediatra. El tratamiento dependerá de la causa de la hemorragia y quizá sea necesaria la atención hospitalaria.

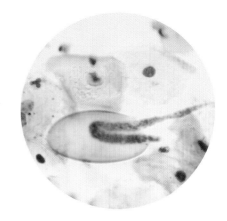

Las lombrices viven en el intestino delgado y grueso del niño infectado, y por la noche salen por el ano para poner sus huevos, que se pueden observar en la piel o en las heces.

Lombrices

Las lombrices, blancas y minúsculas, suelen ser inocuas, aunque producen irritación y perturban el sueño del bebé. El pediatra te recetará una medicación que deberás administrar en una sola toma, repitiéndola tal vez transcurridas un par de semanas. Es posible que el médico te aconseje tratar a toda la familia. Deberás lavar a conciencia la ropa de la cama y los pijamas del niño para eliminar los huevos. Córtale las uñas para evitar que se dañe la piel al rascarse.

Control de la vejiga y los intestinos

Tu hijo puede aprender muchísimo jugando; anímalo a sentar en el orinal a un peluche o una muñeca y habla con él de lo que está haciendo. Si el juguete se cae dentro del orinal, lávalo y deja que el niño siga jugando. De este modo llegará a descubrir que si se cae en el inodoro, no se colará por el desagüe, sino que alguien lo rescatará.

El desarrollo de tu hijo

La edad en la que cada niño está listo para dejar atrás los pañales puede variar extraordinariamente. En general, las niñas están preparadas para el adiestramiento en el uso del baño un poco antes que los niños, y controlan los esfínteres con mayor facilidad. Sin embargo, ya se trate de niños como de niñas, la edad en la que pueden iniciar tal adiestramiento dependerá en gran medida del ritmo de su desarrollo físico y emocional.

Capacidad física

Antes de que tu hijo pueda empezar a controlar los movimientos intestinales y la orina, los músculos esfínteres que controlan la vejiga y el intestino deben madurar. El control de la vejiga suele ser más lento que el intestinal, ya que es más fácil para el esfínter anal contener una materia sólida que para el esfínter uretral retener la orina. A medida que la vejiga va madurando, su capacidad para contener la orina aumenta. A los 15 meses muchos niños pueden mantener el pañal seco durante un par de horas. También observarás que tu hijo se despierta seco después de la siesta, que ha conseguido desarrollar un cierto control natural del intestino y que presenta movimientos intestinales regulares y con heces blandas.

Control físico

Tu hijo también debe ser consciente de las sensaciones asociadas al pipí o a la caca antes de aprender a interpretarlas como una señal de la necesidad de orinar o excretar. Cuando sea capaz de reconocer estas sensaciones, empezará a usar de una forma natural los músculos asociados a ellas, aumentando su capacidad de controlarlos. El sistema nervioso de algunos pequeños madura lo suficien-

Los niños desarrollan su capacidad física y emocional necesaria para usar el orinal o el inodoro a muy diferentes edades, aunque tener hermanos o hermanas a los que imitar puede proporcionarles un buen comienzo a la hora de aprender la rutina básica.

Antes de que tu hijo esté preparado para usar el orinal debe desarrollar la coordinación física necesaria para ser capaz de bajarse los pantalones y sentarse en él.

te como para controlar total y voluntariamente los esfínteres a la edad de 1 año, pero es un caso excepcional. En general, llegan a esta etapa de madurez física entre los 18 y 24 meses, si bien algunos pueden tardar hasta 36 meses o incluso más.

Coordinación física

Tu hijo tiene que ser capaz de sentarse segura y cómodamente en un orinal o en el asiento del inodoro, de manera que la coordinación también desempeña una función muy importante en su preparación física. También debería ser capaz de subir y bajarse los pantalones y la ropa interior como una parte integrante del adiestramiento en el uso del baño y para adquirir una mayor independencia. A medida que progresa el adiestramiento, el pequeño deberá aprender a limpiarse, tirar de la cadena y lavarse las manos.

Signos de conciencia física

A medida que se incrementa la conciencia de tu hijo, puede empezar a indicarte con signos o sonidos que se ha hecho pipí o caca. Algunos niños muestran conciencia de la necesidad de hacerlo dejando de hacer lo que estaban haciendo durante unos instantes o mediante su expresión facial, mientras que otros son capaces de comunicarlo con palabras y mostrándose incómodos hasta que se les ha limpiado.

Es relativamente normal que el pequeño muestre un creciente interés por el contenido del pañal, hasta el punto de que algunos niños desarrollan una actitud un tanto posesiva en relación con las heces y se sienten muy orgullosos de ellas, con el deseo de olerlas y tocarlas. Ver lo que ha producido su cuerpo les ayudará a asociar las sensaciones que tenía durante un movimiento intestinal con las heces, lo cual contribuirá a que la experiencia sea más real y a comprender lo que ocurre cuando las experimenta.

Aprendiendo a través del juego

Tu hijo puede aprender muchísimo jugando; anímalo a sentar en el orinal a un peluche o una muñeca y habla con él de lo que está haciendo. Si el juguete se cae dentro del orinal, lávalo y deja que el niño siga jugando. De este modo llegará a descubrir que si se cae en el inodoro, no se colará por el desagüe, sino que alguien lo rescatará.

Capacidad emocional

Aunque tu hijo pueda estar lo bastante maduro físicamente para iniciar el adiestramiento en el uso del baño, podría darse el caso de que aún no esté preparado emocionalmente para dejar de usar pañales. Al fin y al cabo, los pañales son todo lo que el niño ha conocido desde su nacimiento. De ahí que llevarlos puestos sea algo natural para él, mientras que sentarse en un orinal o en el inodoro no lo es. Es posible que tu pequeñín necesite tiempo para hacerse a la idea y gozar de la tranquilidad derivada de saber que no le obligarás a hacerlo hasta que no esté listo. Cuando se sienta suficientemente confiado para prescindir de los pañales estará preparado para iniciar el adiestramiento.

Miedos

A algunos niños les asusta utilizar el inodoro. Es posible que a tu hijo le desagrade la idea de que algo que sale de su cuerpo, y que por lo tanto considera como una parte de sí mismo, desaparezca por el desagüe. Incluso puede tener miedo de caerse por el inodoro.

Si el pequeño parece asustado o se muestra reacio, no lo obligues a sentarse en el inodoro, pues lo único que vas a conseguir es enzarzarte en un combate de voluntades que resultará contraproducente para su adiestramiento en el uso del baño. Anímalo a sentarse completamente vestido un par de veces al día, después del desayuno y antes de acostarse, para que se acostumbre a una rutina antes de iniciar el adiestramiento. Asimismo, podrías convertirlo en una ocasión especial; léele un cuento o charla con él sobre lo acontecido durante el día. También le podrías dar un juguete con el que sólo pueda jugar cuando está sentado en el orinal. Cuando se haga a la idea de que este momento constituye una experiencia normal y cotidiana, aprenderá paulatinamente a superar sus miedos.

Evitar conflictos

A menudo, el momento en el que el niño está preparado físicamente coincide con la etapa que se suele conocer como «espíritu de contradicción», que se produce cuando se muestra reacio a hacer todo cuanto le dices que haga. Aunque es absolutamente normal que un niño de 2 a 3 años que está aprendiendo a ser independiente se comporte de este modo, no es el mejor momento para introducirlo en el uso del orinal. Espera hasta que alcance una fase de mayor cooperación y esté dispuesto a hacer caso de tus sugerencias. Cuando demuestre un interés por mínimo que sea en el uso del orinal o el inodoro, estará preparado emocionalmente para el adiestramiento.

Capacidad verbal

Tu hijo debe ser capaz de comunicarte su deseo de hacer pipí o caca, lo cual requiere una cierta capacidad verbal. Asimismo, debe ser capaz de comprender instrucciones simples, aun en el caso de que su lenguaje sea muy limitado. Necesita un vocabulario relacionado con el uso del baño que sea comprensible no sólo para ti, sino también para los demás miembros de la familia, cualquier persona que tenga que cuidarlo (canguro, etc.), el pediatra y otros padres. Los términos que sólo tú y tu familia más próxima podéis descifrar no ayudarán al niño cuando esté fuera de casa con otras personas.

Preparación social

Tal vez te resulte difícil imaginar que existe un aspecto social en el uso del orinal o el inodoro, pero lo cierto es que tu hijo aprenderá muchísimo viéndote e imitándote tanto a ti como a otras personas. Sugiérele que te acompañe cuando vayas al baño para que pueda ver cómo lo utilizan los adultos, y déjale que jale de la cadena cuando hayas terminado. Coloca su orinal en el cuarto de baño para que pueda sentarse al mismo tiempo que tú.

Al principio, deja que se siente con el pañal y no esperes milagros. Bastará con que se acostumbre al orinal. Explícale lo que estás haciendo y dile que también él será capaz algún día de utilizar el baño igual que un adulto.

Forzar a tu hijo a usar el orinal antes de que se sienta preparado, o cuando está atravesando una etapa negativa, puede ser contraproducente. Se sentirá resentido y se mostrará reacio a aprender.

Imitación

Ver a otro niño de la misma edad haciendo pipí o caca en el baño le permitirá comprender que en realidad se trata de algo mucho menos complicado de lo que parece. Si tiene hermanos, hermanas o primos, tenderá de forma natural a imitar lo que hacen y aprenderá una infinidad de cosas de su ejemplo. Del mismo modo, si el pequeño aún lleva pañales cuando empiece a ir a la guardería, comprobarás que la desmotivación previa de tu hijo se convertirá en un profundo interés en el uso del orinal. Con frecuencia, el deseo de ser como sus iguales es el estímulo que necesita para dar el primer paso.

LISTA DE COMPROBACIÓN

Sabrás que tu hijo está preparado para iniciar el adiestramiento en el uso del baño cuando:

✔ Quiere ir al baño contigo y comprende para qué sirve el inodoro.

✔ Sabe lo que significa haber mojado o ensuciado el pañal y tal vez muestre el deseo de estar limpio y seco.

✔ Parece reconocer, siquiera con unos segundos de antelación, que necesita ir al baño.

✔ Dice palabras que parecen indicar que quiere hacer pipí o caca.

✔ Se mantiene seco durante una hora y media o dos horas.

✔ Muestra un deseo de independencia y quiere hacer las cosas por sí solo.

✔ No le preocupa sentarse en el orinal o en el inodoro.

✔ Ha quedado atrás la fascinación derivada de aprender a caminar y aún disfruta jugando con sus juguetes.

✔ Se halla en una etapa de carácter más receptivo y menos negativo.

✔ Muestra el deseo de llevar calzoncillos o braguitas e intenta subírselos y bajárselos sin ayuda.

✔ Tiene movimientos intestinales regulares.

✔ Es capaz de seguir instrucciones simples, tales como la de lavarse las manos.

El momento más adecuado pata ti

Casi tan importante como es para el niño estar preparado para iniciar el adiestramiento en el uso del baño, también lo es para ti. Vas a tener que estar tranquilo y relajado durante todo el proceso, y a tomarte las cosas con calma. Si te muestras ansioso, frustrado o enojado cuando tu hijo tiene un «accidente» o ensucia o moja el suelo, empezará a asociar estos sentimientos negativos con el orinal.

Momentos inoportunos

A ser posible, deberías evitar el inicio del adiestramiento en el uso del orinal durante los períodos de tiempo de ajetreo familiar, tales como Navidad, cuando os mudáis a una nueva casa o cuando está a punto de nacer un hermanito. El niño va a necesitar muchísima atención, sobre todo al principio, e intentarlo cuando hay otras muchas cosas que hacer sólo redundará en estrés para ambos. Los niños pequeños captan y reflejan inconscientemente los sentimientos de sus padres, y si te sientes estresado, es muy probable que tu hijo también sienta lo mismo, lo cual conduce sin remedio a un callejón sin salida y a un combate de voluntades que en nada contribuye a facilitar el adiestramiento en el uso del baño.

Por otro lado, no puedes pasar toda la vida esperando. Si el pequeño no da señales de autoevolución, sería aconsejable que empezaras el adiestramiento sin más.

Cuándo empezar el adiestramiento en el uso del baño

En el pasado se consideraba que cuanto antes consiguieras adiestrar al bebé en el uso del baño, más satisfactoria sería tu «calidad» como padre o madre. En la actualidad, el enfoque es muy diferente, y el hecho de mantenerse limpio y seco se considera como un logro del niño en lugar del de sus padres. Muchos expertos creen que se debería poner mayor énfasis en el «aprendizaje» del uso del baño, es decir, algo que hace el niño, que en el «adiestramiento», que es algo que hacen los padres.

Es muy fácil tener la sensación de haber «fracasado» cuando el niño sigue llevando pañales después de haber cumplido 3 años, pero deberías recordar que es él quien controla su cuerpo, no tú, y que se adiestrará cuando esté preparado para ello.

Preocupaciones comunes

Es posible que encuentres innumerables personas que estén dispuestas a ofrecerte su consejo y opinión. Probablemente la abuela te dirá que empezó pronto y que dio resultado a una edad en la que tú aún no lo has conseguido con tu hijo, lo cual era debido, en términos generales, a que las madres pasaban mucho más tiempo en casa para dedicarse a adiestrar a sus retoños en el uso del baño. ¡Si a ello le añadimos que los bebés llevaban pañales de tela y que no existían las comodidades actuales de lavado y secado, comprenderás enseguida tal afán en lograrlo cuanto antes! El adiestramiento a una muy tierna edad no siempre es la mejor opción para los padres modernos.

A menudo, diferentes generaciones tienen puntos de vista distintos acerca del adiestramiento en el uso del baño, pero lo cierto es que no hay respuestas correctas o incorrectas. Eres tú quien debe decidir lo que mejor se adapte a las necesidades tanto tuyas como de tu hijo.

Algunos padres creen que es ideal iniciar el adiestramiento cuando el niño es muy chiquitín, aunque puede tardar mucho más tiempo y esfuerzo conseguir el resultado apetecido.

También se solía creer que el niño que conseguía un temprano adiestramiento era más inteligente, una teoría que desde luego ha caído en el más absoluto de los olvidos. En la actualidad sabemos que existe una escasísima relación entre un rápido adiestramiento en el uso del baño y el CI. Otra creencia que siguen teniendo algunos padres es que «fracasar» puede dejar secuelas psicológicas. Aprender a controlar las funciones corporales constituye un paso natural en el desarrollo de tu hijo, y siempre que esté física y psicológicamente preparado y aprenda a través de un estímulo moderado en lugar del enojo y el castigo, su crecimiento e independencia estarán asegurados.

Enfoques

Existen distintos puntos de vista sobre la mejor forma de acostumbrar al niño a ir sin pañales. En cualquier caso, aplica o adapta el método que mejor se ajuste a tus circunstancias personales y a las de tu bebé. Aunque no hay reglas estrictas acerca de este particular, tal vez podrías tener en cuenta los cuatro enfoques siguientes para conseguir el éxito en el adiestramiento en el uso del baño.

Adiestramiento temprano

Algunos padres siguen estando convencidos de que nunca es demasiado pronto para iniciar el adiestramiento en el uso del baño y empiezan a sentar a sus pequeñines en el orinal cuando apenas tienen unos pocos meses. Este enfoque tendrá ciertas expectativas de éxito cuando sea posible «atrapar» el pipí o la caca en un orinal si el niño suele hacer sus necesidades con regularidad, como por ejemplo después de cada toma. Sentarlo en el orinal a la misma hora cada día condiciona su sistema nervioso cuando percibe la presencia del orinal.

ADIESTRANDO A SARA

Seguí el consejo de mi madre y empecé a sentar a Sara en el orinal a los pocos meses de haber nacido. A los 14 meses ya era capaz de decirme cuándo quería hacer caca, pero conseguir que no se orinara encima resultó mucho más difícil. La senté en el orinal siete u ocho veces al día hasta que cumplió los dos años y medio, y aun así no había completado su adiestramiento al cumplir los tres. Algunas amigas no iniciaron el adiestramiento hasta que sus hijos tenían más de dos años y consiguieron su objetivo en un par de meses. ¡A mí me costó dos años!

Algunos padres prefieren esperar a que el niño muestre un interés definitivo en el uso del orinal antes de iniciar el adiestramiento, para que coopere más y mejor durante el proceso.

Aunque este proceder te ahorre un pañal sucio o mojado, es importante recordar que el niño no está controlando voluntariamente sus acciones. En realidad, algunos expertos creen que la introducción del orinal a tan tierna edad puede hacer que el pequeño se rebele un poco más tarde, cuando empiece a ser capaz de controlar por sí mismo los reflejos, prolongando mucho más todo el proceso de adiestramiento.

Adiestramiento guiado por el niño

Cuando tu hijo ya es algo mayorcito, habitualmente entre su segundo y tercer aniversario, es capaz de decidir por sí mismo cuándo desea dejar de llevar pañales e iniciar el adiestramiento en el uso del orinal o del inodoro. Una vez alcanzada esta etapa, suele mediar un breve período de «accidentes» antes de mantenerse limpio y seco.

Aunque esto se manifieste en un determinado período de tiempo más largo llevando pañales, el adiestramiento guiado por el niño elimina muchas de las tensiones emocionales asociadas al mismo, al no producirse ningún conflicto de intereses entre tu hijo y tú. Si optas por este enfoque, comprobarás que da mejores resultados si el chiquitín es consciente del contenido de sus pañales y comprende de algún modo para qué sirve el orinal o el inodoro.

Adiestramiento guiado por un adulto

Si no puedes esperar a que tu hijo decida por sí solo cuándo es el mejor momento para iniciar el adiestramiento en el uso del baño, tal vez porque la guardería exige que los niños vayan sin pañales, guíalo tú. Siempre que el pequeño esté física y emocionalmente preparado, con un ligero estímulo aprenderá poco a poco lo que esperas de él. El período de tiempo que tarde en conseguirlo varía de un niño a otro. Los hay que se acostumbran en pocas semanas, mientras que otros tardar algunos meses. De vez en cuando no da resultado, en cuyo caso es preferible ponerle de nuevo los pañales e intentarlo de nuevo cuando tu hijo sea un poco mayor y se muestre más predispuesto a cooperar.

Adiestramiento intensivo

Este método puede resultar muy eficaz con niños de 3 a 4 años que quizá hayan rechazado la idea de abandonar los pañales a una edad más temprana. Ni que decir tiene que nada impide que lo intentes como tu primera opción, siempre que el pequeño esté preparado y tú puedas dedicarte en cuerpo y alma al adiestramiento en el uso del orinal o el inodoro, y sin interrupciones. Se trata de crear una si-

Dale a tu hijo muchos líquidos para que tenga ganas de orinar más a menudo. Esto le ayudará a acostumbrarse antes al uso del orinal.

Era verano y David tenía dos añitos y medio cuando decidí quitarle los pañales. Había oído hablar del adiestramiento intensivo y me parecía una idea mejor que semanas o meses de «accidentes» continuos. Pasamos el día en el jardín; así pues, no había de qué preocuparse si se ensuciaba. Hablamos largo y tendido del orinal, con orgullo y estímulo cada vez que hacía sus necesidades en él, y le di líquidos en abundancia para que orinara con frecuencia, lo cual resultó de mucha ayuda.

Al término del primer día, David sabía perfectamente lo que esperaba de él, y al segundo iba el solito al baño sin tener que insinuárselo. Incluso se las ingeniaba para bajarse y subirse los pantalones sin ayuda. Al mismo tiempo, consiguió mantenerse seco por la noche. Ni que decir tiene que para nosotros el adiestramiento intensivo funcionó a las mil maravillas.

"

tuación en la que el niño sea capaz de reconocer y responder a la necesidad de orinar en un período de tiempo muy breve. Este enfoque requiere dedicación por tu parte; debes consagrar unos cuantos días a su exclusiva atención, pero puede ser una buena forma de lograr el objetivo.

Tendrás que darle líquidos en abundancia, animarlo a usar el orinal por sí solo y ofrecerle un sinfín de recompensas por mantener seca la ropita interior. Procura que todo parezca un juego, pero tampoco lo excites demasiado; actúa con firmeza, pero motivándolo en todo momento. Cuando se haya acostumbrado a hacer pipí en el orinal, conseguir que haga caca en él resultará sumamente fácil.

4 Adiestramiento en el uso del baño

Cuando creas que tu hijo está preparado física y emocionalmente para iniciar el adiestramiento en el uso del orinal, deberás elegir el mejor momento para empezar y elaborar un plan de acción, lo cual dependerá en gran medida de si te satisface la idea de dejar que sea él quien tome la iniciativa o si prefieres guiarlo paso a paso. En cualquier caso, la elección del momento adecuado te ahorrará muchos esfuerzos y dificultades.

Elección del momento apropiado para empezar

Cuando creas que tu hijo está preparado física y emocionalmente para iniciar el adiestramiento en el uso del orinal, deberás elegir el mejor momento para empezar y elaborar un plan de acción, lo cual dependerá en gran medida de si te satisface la idea de dejar que sea él quien tome la iniciativa o si prefieres guiarlo paso a paso. En cualquier caso, la elección del momento adecuado te ahorrará muchos esfuerzos y dificultades.

La época del año

Si vives en una región en la que los veranos son calurosos y los inviernos fríos, es evidente que los meses más cálidos serán los más apropiados para iniciar el adiestramiento.

El pequeño llevará prendas de vestir ligeras y fáciles de manipular, tales como shorts o camisetas de manga corta, que eliminan la incomodidad de manejar un sinfín de jerséis de lana o pantalones gruesos y a menudo engorrosos. Si tu hijo sólo tiene que bajarse la ropita interior y subírsela de nuevo, le resultará muchísimo más fácil acostumbrarse al uso del orinal en el instante en que tenga ganas de hacer sus necesidades. Asimismo, de producirse pequeños «accidentes», no tendrás que lavar demasiadas prendas.

Si la climatología es lo bastante cálida, incluso puedes empezar el adiestramiento en el jardín, lo cual te

Si hace mucho calor, andar desnudito permitirá a tu hijo sentarse en el orinal en el momento oportuno.

Épocas del año a evitar

Aunque el niño muestre todos los signos de preparación, en ocasiones es aconsejable demorar el adiestramiento en el uso del baño durante algún tiempo, y si se da alguna de las siguientes hipótesis, la demora debería ser incluso más larga si cabe:

☑ Tú y tu cónyuge estáis teniendo problemas o existe cualquier otro tipo de conflicto familiar que esté ocasionando disgusto y que influya emocionalmente a tu hijo. No empieces el adiestramiento hasta que las aguas hayan vuelto a su cauce.

☑ Acabas de trasladar al niño a una cama grande o hace muy poco que has dejado de amamantarlo. Es posible que necesite algunas semanas para adaptarse al cambio antes de introducir otro.

☑ Acabáis de mudaros de casa. Es probable que el niño se sienta inseguro en su nuevo entorno. Dale tiempo para que se acostumbre.

☑ Acabas de empezar a trabajar de nuevo después del período de lactancia o has cambiado de canguro. Esto puede disgustar sobremanera a tu hijo. Es preferible esperar algún tiempo.

☑ Tu hijo está pasando por una etapa negativa. Es inútil intentar enseñarle a usar el orinal si no se muestra receptivo y predispuesto a colaborar. Si su palabra favorita es «no» y se niega a seguir tus instrucciones para complacerte, espera hasta que haya alcanzado una etapa más positiva antes de empezar el adiestramiento.

☑ Estás a punto de tener un bebé o acabas de tenerlo. Tu hijo de dos o cuatro años se puede sentir bastante inseguro y ansioso respecto a su posición en la familia. Espera hasta que se haya adaptado a los cambios.

facilitará la tarea de limpiarlo en caso de orinarse encima, al tiempo que el niño se lo pasará en grande corriendo y jugando unos cuantos días al aire libre.

Invierno

Ni que decir tiene que es perfectamente posible iniciar el adiestramiento del niño en el uso del baño cuando la climatología es algo más fría. La calefacción doméstica suele asegurar unos inviernos cálidos, aunque deberás subir el termostato en la habitación, en el cuarto de baño o en la sala que hayas destinado a realizar el adiestramiento para que la atmósfera sea más acogedora. Si tiene frío, es muy probable que no quiera quedarse con el culito al aire.

A ser posible, coloca el orinal sobre un plástico o en un pavimento fácil de limpiar. De este modo, bastará con pasar la mopa para solucionar los más que probables «accidentes». Desde luego, limpiar el pipí o la caca de una alfombra o moqueta de pelo grueso no resulta nada divertido.

Dedicación exclusiva

La primera introducción de tu pequeñín en un adiestramiento serio en el uso del baño requiere una extraordinaria atención. Aun en el caso de que sólo dispongas de un fin de semana libre, éste debería ser lo suficientemente largo como para que el niño comprendiera los principios de lo que pretendes hacer, siempre, claro está, que disponga de tu atención exclusiva e ininterrumpida.

Puede llevar semanas o incluso meses que tu hijo domine completamente todas las técnicas, pero es

Deberás dedicar mucho tiempo a tu hijo durante las primeras etapas del adiestramiento para proporcionarle toda la atención que necesita.

LA NUEVA CASA DE HOLLY

Íbamos a mudarnos de casa cuando pensé que sería una buena idea realizar el adiestramiento de Holly, de 20 meses, antes de la mudanza. Se acostumbró enseguida y consiguió mantenerse sequito durante el día en una sola semana. Pero después de mudarnos empezó a orinarse de nuevo. Estaba harta de cambiar a Holly cuatro o cinco veces diarias y de lavar y planchar ropa extra. ¡El día no tenía suficientes horas! Me llevó semanas lograr que volviera a retener el pipí. Es evidente que la mudanza lo disgustó. Ojalá hubiera esperado a habernos acostumbrado a la nueva casa antes de iniciar su adiestramiento.

en estos primeros días cuando se sientan las bases de un futuro éxito.

A muchos padres les resulta ideal hacerlo en vacaciones. El ritmo de vida es menos frenético y te sientes más relajado y capaz de ofrecer tu atención exclusiva al pequeño. Además, tu cónyuge puede compartir contigo la tarea del adiestramiento, demostrando al niño que tanto mamá como papá están interesados en que desarrolle su capacidad para usar el orinal o el inodoro.

Unas vacaciones fuera de casa también pueden ser un buen momento para empezar. Si tu hijo anda por la playa con el culito al aire, tendrás mucho menos que limpiar. Sin embargo, ten en cuenta que el niño tendrá otras muchas distracciones y que es posible que recaiga en los antiguos hábitos de regreso al entorno familiar. Los cambios en la dieta durante el período vacacional pueden alterar los hábitos intestinales de tu hijo, lo cual también podría influir negativamente en el adiestramiento.

Compra de un orinal

Un mes o dos antes de empezar el adiestramiento deberás comprar un orinal, o más de uno si vives en una casa de dos plantas y quieres tener uno arriba y otro abajo. Así, tu hijo se acostumbrará a verlo en su entorno antes de iniciar el proceso. Antes de comprar el orinal, explícale lo que vas a comprar y, en términos simples, para qué sirve. Llévalo contigo a la tienda para que te ayude a elegir el que más le guste. Deja que pruebe unos cuantos para asegurarte de que has comprado el que mejor se ajusta a su tamaño y es más cómodo.

Elección del orinal perfecto

Los orinales suelen ser de plástico y se fabrican en innumerables formas, estilos y colores. Su precio varía tanto como su estilo –los más caros están diseñados para que parezcan inodoros en miniatura–, otros llevan música o hacen ruiditos, e incluso los hay que incorporan una bandeja para refrescos y juguetes. En la página 50 encontrarás una tabla de comparación de las ventajas e inconvenientes de algunos de los tipos más comunes de orinal.

Salpicaderos

La mayoría de los orinales disponen de un salpicadero incorporado a la propia estructura, mientras que en otros son desensamblables o deflectores. Los niños deben sentarse con el salpicadero delante, y las niñas detrás. Los puericultores han expresado su preocupación por el hecho de que los niños puedan lastimarse con los salpicaderos desensamblables, en cuyo caso, la experiencia se traduce en una manifiesta renuncia a usar de nuevo el orinal. Así pues, si compras uno de este tipo, es recomendable desmontar el deflector antes de usarlo.

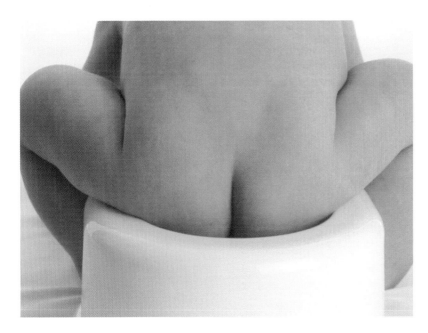

Antes de iniciar el adiestramiento en el uso del orinal, elige un modelo que se ajuste al pequeño culito de tu chiquitín, pero no demasiado.

ELECCIÓN DEL ORINAL

Los orinales se fabrican en todas las formas y tamaños, y su precio varía tanto como los propios diseños. Cualquiera que sea el tipo de orinal que decidas comprar, lo más importante es que se asiente en el suelo con firmeza y estabilidad, sin balancearse ni deslizarse, que no tenga bordes ni cantos agudos, que se pueda vaciar rápidamente y sea fácil de limpiar.

	Ventajas	Inconvenientes

Los orinales de forma regular son baratos, sencillos y eficaces. También son fáciles de coger y vaciar.

Puede que al niño no le parezca lo bastante divertido como para llamar su atención. Si no se muestra interesado, podrías tener problemas a la hora de motivarlo para que lo use.

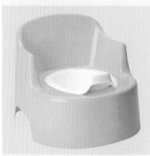

Los modelos en forma de sillita o diseñados a modo de inodoro en miniatura son ideales para un niño que quiere imitar a sus padres. Cuando crezca un poco, la transición al inodoro propiamente dicho le resultará más fácil.

Este tipo de orinal suele ser más caro y más difícil de usar. El niño apoya la espalda con la columna vertebral en posición vertical, lo que dificulta la acción de empuje cuando hace caca.

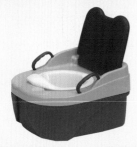

Los orinales con música o que hacen ruiditos cuando el pequeño hace pipí o caca le ayudan a darse cuenta de que está «produciendo» algo. Son excelentes para estimular su interés.

Tu hijo se dará cuenta enseguida de que puede hacer ruiditos o música arrojando juguetes u otros objetos en el orinal. Esta fascinación por la música o los efectos sonoros podría acabar con tu paciencia.

Los modelos en forma de animales o coches se incorporan fácilmente en el juego diario, y es posible que tu hijo se muestre más predispuesto a usar un orinal que parece divertido.

Se corre el peligro de que el niño quiera jugar con el orinal cuando está lleno, o hacer pipí o caca cuando hay juguetes en su interior. Decide si deseas utilizar el orinal a modo de juego o si prefieres destinarlo a otra función.

Compra de un asiento especial para el inodoro

En lugar de empezar con un orinal, tú o tu hijo podríais preferir hacerlo directamente con el inodoro, aunque este método tiene un inconveniente, pues a la mayoría de los niños les resulta más fácil hacer caca con los pies en el suelo. Si están colgando, es más difícil empujar. No obstante, si crees que tu hijo es capaz de usar el inodoro, merece la pena comprar un asiento.

A menudo los niños se sienten incómodos en un asiento de adultos, lo cual complica el adiestramiento. Por otro lado, es muy probable que se asusten si se caen casualmente en la taza e incluso se lastiman. Un asiento que se ajuste al inodoro reduciendo su diámetro será muchísimo más adecuado para sus pequeños culitos.

Dado que probablemente les resultará demasiado complicado colocar el asiento en la taza por sí solos, es una buena idea tenerlo ahí permanentemente. Los niños mayores y los adultos pueden retirarlo cuando vayan a usar el inodoro y colocarlo de nuevo. Asimismo, tu hijo necesitará un pequeño escalón robusto y firme para trepar él solito hasta el asiento, que también puede utilizar para lavarse las manos, ya que de este modo podrá alcanzar el grifo sin tu ayuda.

Orinales de viaje

Algunos orinales tienen tapa, lo cual tiene la ventaja de mantener su contenido a buen recaudo hasta que se pueda vaciar. Esto resulta especialmente útil en viajes en automóvil, cuando el orinal lleno se puede guardar temporalmente en el maletero. Otra alternativa durante el viaje consiste en utilizar un orinal que se pliegue, ocupando menos espacio. Dispone de un forro interior desechable que se puede atar después de su uso, al igual que las bolsas para los pañales.

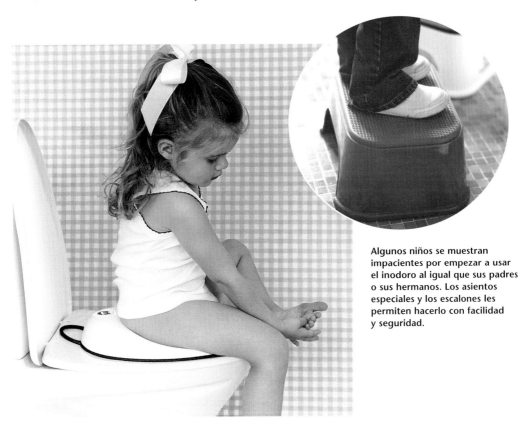

Algunos niños se muestran impacientes por empezar a usar el inodoro al igual que sus padres o sus hermanos. Los asientos especiales y los escalones les permiten hacerlo con facilidad y seguridad.

Ayuda a tu hijo a familiarizarse con su nuevo orinal animándolo a sentarse en él completamente vestido y a incorporarlo en el juego.

Introducción al uso del orinal

Es importante que tu hijo comprenda que el orinal es de su propiedad y de nadie más; déjalo que juegue con él e implícalo en la rutina diaria para que se acostumbre a utilizarlo.

Al principio, es probable que el niño sólo quiera jugar con el orinal, metiendo juguetes en su interior o sentando a una muñeca o un osito de peluche. No reprimas esta actitud; cuando se haya familiarizado con él se mostrará más predispuesto a sentarse. Ayuda al pequeño a establecer una estrecha relación con su orinal, sugiriéndole que lo personalice con pegatinas o escribiendo su nombre.

Consejos prácticos para sentarse en el orinal

El paso siguiente consiste en animar al niño a acompañarte al cuarto de baño y sentarse en el orinal, completamente vestido, mientras tú usas el inodoro. De este modo se acostumbrará a la sensación de estar sentado en él sin el culito al aire. No lo fuerces a sentarse a menos que quiera hacerlo, y no le sugieras que lo use a menos que lo desee. Después de todo, tu hijo está acostumbrado a llevar pañales, lo cual le proporciona seguridad y calidez; el orinal es un objeto frío y desconocido.

Cuando le seduzca la idea de sentarse en el orinal, sugiérele que intente hacerlo sin el pañal. Cuando tenga ganas de hacer caca, aprovecha la ocasión para sentarlo. Así comprobará por sí mismo para qué sirve. No te preocupes si no hace nada. Se trata de que se acostumbre a la sensación del contacto del orinal con su piel desnuda. Asegúrate de que el cuarto de baño o la habitación que hayas destinado al orinal sea cálida y acogedora.

Establecer una rutina

Cuando el niño se sienta feliz sentándose en el orinal sin el pañal, puedes empezar a introducir una rutina regular. Siéntalo por la mañana, antes de vestirlo, y también antes del baño. No esperes un resultado satisfactorio desde un buen principio; deja simplemente que se acostumbre a la idea de que es algo que sucede cada día.

Actitud positiva

Si tu hijo sólo quiere sentarse en el orinal cuando le apetece, o se niega radicalmente a hacerlo, actúa con firmeza y dale a entender que esto es precisamente lo que deseas que haga. Explícale que un día será capaz de sentarse en el inodoro él solito, igual que un adulto. Aunque sólo consigas que se siente unos segundos, felicítalo y estimúlalo para que lo repita. Con la práctica, lo acabará aceptando como una parte de su rutina diaria, un paso esencial en las primeras etapas del adiestramiento.

Paso a la ropita interior

Cuando tu hijo muestre signos de estar preparado y haya practicado lo suficiente con el orinal, intenta sustituir los pañales por pañales-braguita o por la ropa interior. Ésta es una de las técnicas más eficaces para conseguir un rápido progreso en el adiestramiento en el uso del baño; llevar ropita interior de «niño mayor» hará que se sienta más maduro y le ayudará a comprender que el adiestramiento en el uso del orinal forma parte de esta nueva sensación.

Pañales-braguita

Al igual que los pañales ordinarios, los pañales-braguita pueden ser desechables o reutilizables. Absorben el pipí y la caca de la misma forma que un pañal, pero se pueden subir y bajar fácilmente como si se tratara de ropita interior ordinaria. El niño los lleva en lugar de los pañales durante el adiestramiento, de manera que si se produce un «accidente», el pipí y la caca quedan retenidos en el pañal, sin filtrarse a través de la ropa. Se fabrican

Con un pañal-braguita tu hijo se sentirá más adulto y comprenderá que ya va siendo hora de olvidarse de los pañales.

> ### LOS PAÑALES-BRAGUITA DE EMMA
>
> Los pañales-braguita resultaron cruciales durante el adiestramiento de Emma. Usaba braguitas desechables con un bonito diseño que palidecía cuando se mojaba, de tal modo que la niña se daba cuenta de que se le había escapado el pipí. Esto la estimuló a mantenerse sequita, y en cuestión de semanas pudo llevar ropita interior

en diversos grados de absorbencia y grosor, lo que te permite empezar con modelos más parecidos a los pañales y luego progresar hacia versiones más ligeras.

Aunque constituyen una fórmula muy práctica de establecer un puente entre los pañales ordinarios y la ropa interior habitual, su inconveniente reside en que se parecen demasiado a un pañal. Tu hijo no los notará mojados ni sucios como lo haría de llevar calzoncillos o braguitas normales y corrientes. Con todo, a muchos padres les resultan útiles al principio del adiestramiento en el uso del baño, en especial si al pequeño se le suele escapar con frecuencia el pipí o la caca.

El momento oportuno

No pongas ropa interior a tu hijo si aún no está preparado para llevarla; lo único que conseguirás es confundirlo y tendrás más trabajo. Espera hasta que haya practicado lo suficiente con el orinal o el inodoro. Incluso es posible que sea él mismo quien decida que ya no quiere llevar pañales. De ser así, aprovecha la oportunidad, compra ropita interior y pónsela de inmediato.

Elección

Para empezar compra media docena de calzoncillos o braguitas para tener siempre a mano una muda limpia por si el niño tiene un «accidente». Procura que sean de algodón, pues son más absorbentes que los de tejidos sintéticos. Deben ser lo bastante grandes para que tu hijo pueda bajárselos y subírselos con facilidad. Deja que elija los que más le gusten y estimúlalo diciéndole lo «mayor» que es.

La ropita interior divertida y de colores vivos estimulará a tu hijo y hará que sienta mayor. Recuerda que no son demasiado absorbentes; ten a mano mudas limpias hasta que controle completamente sus esfínteres.

> ### LA ROPA INTERIOR DE MARTY
>
> Marty creía que sus pañales-braguita eran como los pañales ordinarios. Así pues, los usaba exactamente igual. Hasta que lo vestí con ropa interior no hizo sus primeros esfuerzos para controlar los intestinos y la vejiga. Sus nuevos calzoncillos llevaban estampado un simpático dinosaurio. Se disgustaba tanto cuando se ensuciaba, que no tardó en mantenerse limpio y seco.

Intervención del adulto

Si el pequeño parece sentirse satisfecho con la idea de llevar pañales durante toda la vida, tendrás que tomar la iniciativa. Explícale que ya va siendo hora de llevar ropita interior como un niño o niña mayor. Deja que se acostumbre a la idea y luego, transcurridos algunos días, dile que vais a salir juntos para comprársela. Convierte el día en una gran aventura, y cuando llegue ese momento tan especial, déjale elegir las prendas que quiere llevar.

Al llegar a casa, ayúdalo a quitarse el pañal ordinario y ponle un pañal-braguita o unos calzoncillos o braguitas, según se trate. Sugiérele que se mire en el espejo y compruebe lo «mayor» que es. Guarda la ropa interior en un cajón a su alcance para que pueda cogerla él solito cuando se vista por la mañana.

Otras cosas a tener en cuenta

Antes de iniciar el adiestramiento en el uso del baño debes tener en cuenta algunas consideraciones. Después de todo, sería absurdo enseñarle a usar el orinal o el inodoro si es incapaz de comunicar a cualquier persona fuera de la familia cuándo necesita ir, o si está al cuidado de una canguro que no sabe cómo reforzar tus esfuerzos. Cuando se trata de adiestrar al niño, la preparación es fundamental.

Cuidadores

Si tu hijo ya va a la guardería cuando decidas iniciar el adiestramiento, deberás recabar el apoyo de su cuidadora antes de empezar. Ambos necesitaréis estar de acuerdo en cómo se debe llevar a cabo el adiestramiento en cuestión. De ahí que sea muy importante conocer los puntos de vista de la cui-

dadora. Si tienes una perspectiva diferente, discútelo con ella, pero no lo hagas cuando el niño esté escuchando, pues se daría cuenta enseguida y se sentiría inseguro.

Éxitos y fracasos

Una vez iniciado el adiestramiento en el uso del baño deberías hablar a diario con la cuidadora de tu hijo acerca de sus progresos. Puede ser que el pequeño se sienta algo perturbado por las diferencias en el entorno o el enfoque. Por otro lado, también podría darse el caso de que mostrara más interés en el uso del orinal o del inodoro en el jardín de infancia que en casa, ya que lo usa en compañía de otros niños.

En este caso, cuando estés en casa, deberás seguir los consejos de la cuidadora y la rutina que utiliza en el centro. Los «accidentes» suelen ser

Una guardería puede ser un lugar ideal para que tu hijo observe a otros niños usando el orinal, permitiéndole aprender del ejemplo.

comunes; procura que la cuidadora disponga de la cantidad suficiente de mudas limpias.

Hablar de las funciones fisiológicas

Es muy probable que mientras cambiabas los pañales a tu bebé cuando era chiquitín charlaras con él de sus funciones fisiológicas. De ser así, seguro que ya habrás establecido algún tipo de lenguaje para describirlas. Los términos que se emplean dependerán de lo que cada familia considere aceptable. Los más comunes son «pipí» y «caca», aunque algunas personas prefieren «número uno» para la orina y «número dos» para las heces. Asimismo, algunos padres se sienten incómodos o excesivamente rotundos al describir las partes íntimas como pene o vagina. Cualesquiera que sean tus preferencias, nada impide llamarlas por su nombre correcto.

La mayoría de los niños se sienten satisfechos de sus productos corporales, ¡A menudo hablan de ellos en voz alta y en los momentos más inapropiados!

A veces se desarrollan apelativos fruto de la mala pronunciación del niño que se perpetúan de generación en generación. Pero recuerda que esos nombres tan especiales que sólo se comprenden en el círculo familiar no resultarán eficaces cuando no estés al lado de tu hijo para traducirlos. A la hora de elegirlos, procura que puedan ser reconocibles por los extraños.

Dieta

Aunque el niño no necesita ninguna dieta especial para adiestrarse satisfactoriamente en el uso del baño, hay algunas cosas que deberías tener en cuenta. Tanto el estreñimiento como la diarrea pueden ocasionar dificultades y tener inconvenientes durante el adiestramiento. Así pues, si tu hijo es propenso al estreñimiento, es importante darle una dieta rica en fibra, incluyendo porciones diarias de frutas y verduras, así como pasta y pan integral. Los productos lácteos y las zanahorias cocidas contribuyen al estreñimiento; limita su ingesta. También es esencial que el niño beba líquidos en abundancia.

La diarrea infantil, una forma persistente de diarrea, puede estar causada por demasiados dulces o bebidas frías antes, durante o después de las comidas copiosas. Mantener una dieta de tres comidas al día con algún que otro tentempié ocasional a base de vegetales crudos (zanahoria, etc.) pueden contribuir a aliviar este trastorno.

5 Etapas del adiestramiento

Ahora que estás preparado para ayudar a tu pequeñín a realizar la transición de los pañales a la ropita interior, es el momento de empezar a desarrollar una rutina para el uso del orinal o el inodoro. Con un poco de tiempo y esfuerzo, pronto descubrirás que el niño va comprendiendo los principios básicos. Lo más importante es que, una vez iniciado, te mantengas sereno, confiado, coherente y regular en el enfoque que hayas elegido. De nada sirven el enojo o el castigo. Diviértete y verás que este período de tiempo es una experiencia gratificante para ambos, contribuyendo a estrechar vuestros vínculos de unión.

Rutinas de adiestramiento

Ahora que tú y tu hijos estáis preparados para iniciar el adiestramiento en el uso del baño, deberás decidir qué método vas a utilizar. Algunos padres creen que una rutina diaria regular da los mejores resultados, mientras que otros prefieren adoptar un enfoque más casual, pues según dicen, es menos estresante tanto para los padres como para los niños.

Tu decisión dependerá en gran medida de la personalidad del pequeño y puede estar influenciada por tus propios hábitos en el uso del baño. Si tu hijo se suele amoldar a los deseos de los demás y sus movimientos intestinales son ya relativamente regulares –tal vez hace caca después de cada desa-

yuno–, es probable que lo más aconsejable sea establecer una rutina diaria, y si es especialmente excitable, de carácter dominante o sin ninguna pauta regular en sus movimientos intestinales, optar por una rutina diaria podría conducir a una confrontación y despertar un sentimiento de frustración.

El momento más oportuno

Empieza sentando a tu hijo en el orinal una o dos veces al día. Tradicionalmente, se suele hacer después del desayuno, pues todo indica que podría ser el momento más apropiado. Aun así, sé flexible. Si el niño acostumbra tener movimientos intestinales

Procura acostumbrar a tu hijo a la rutina de sentarse en el orinal más o menos a la misma hora del día, pero no le obligues a permanecer sentado si quiere levantarse.

a la hora de la cena, sería absurdo sentarlo por la mañana al despertarse. Cuando esté sentado en el orinal o en el inodoro, dale una galleta, léele un cuento o déjalo que se entretenga con uno de sus juguetes favoritos, reservándolo exclusivamente para esta ocasión. No lo dejes ahí más de cinco o diez minutos; que se levante si así lo desea, y no lo castigues nunca por no haber permanecido sentado el tiempo que habías previsto. Se trata de que el pequeño no asocie este lapso de tiempo con sentimientos estresantes o negativos.

Ni que decir tiene que nunca debes reprender a tu hijo verbalmente o con un bofetón si rehúsa sentarse en el orinal o si no hace caca. Carece de sentido forzar a un niño a provocar un movimiento intestinal cuando te venga en gana; tiene que aprender a asociar todas las emociones y sensaciones físicas de hacer pipí o caca con el uso del orinal o el inodoro.

Enfoque casual

Si tu hijo no tiene movimientos intestinales regulares, es inútil sentarlo en el orinal a una determinada hora del día. Os resultará más fácil a ambos detectar cuándo parece tener ganas y sugerirle que ha llegado el momento de usar el cuarto de baño. Cuando este método funcione, puedes introducir la idea de que debería decirte cuándo siente la necesidad de hacer pipí o caca. Como es lógico, no siempre se acordará; estáte alerta al menor signo que así lo indique.

Aceptar el paso atrás

Aunque el niño se haya adaptado satisfactoriamente a una rutina diaria, estáte preparado por si de pronto parece dar un paso atrás en sus progresos. Puede ser que sus hábitos intestinales hayan cambiado, que se haya aburrido de hacer siempre lo mismo o que considere la posibilidad de atraer tu atención rehusando sentarse en el orinal. En cualquier caso, debes actuar con cautela y no hacer un drama ni reprenderlo, aun cuando te sientas frustrado o disgustado. La mejor manera de proceder es dejar en suspenso la rutina durante uno o dos

Procura detectar los signos que indican que el niño necesita usar el baño, tales como apretar las piernas o balancearse de un lado a otro.

días, o incluso más tiempo si el pequeño insiste en su actitud. Es importante no convertir el adiestramiento en el uso del baño en un combate de voluntades ni crear una aversión a la rutina que intentas imponer.

Hábitos familiares en el uso del baño

Es posible que tu enfoque esté influenciado por tus propios hábitos en el uso del baño. Si estás acostumbrado a tener movimientos intestinales regulares a una hora determinada del día, será más probable que te inclines a favor de una rutina igualmente regular en el adiestramiento de tu hijo, mientras que si no sueles prestar demasiada atención a estas funciones corporales y te limitas a ir al baño cuando tienes la necesidad de hacerlo, es casi seguro que optes por el enfoque casual.

Tu actitud en relación con el uso del baño también podría influir en el niño. Hay quienes pasan el menor tiempo posible en el cuarto de baño, mientras que otros adoptan una perspectiva más dilatada en el tiempo, proveyéndose incluso de material de lectura. A los niños les gusta tener modelos de rol, y si tu hijo ve que entras en el baño con un libro, sería incoherente esperar que lo haga sin disponer de alguna que otra distracción. En realidad, es más probable que todo funcione mejor si está relajado, de manera que aun cuando no suelas pasar más tiempo del estrictamente necesario en el cuarto de baño, tu hijo se beneficiará de tener a mano un cuento o uno de sus juguetes favoritos.

Crear la atmósfera adecuada

Lo más importante es que la experiencia de usar el orinal o el inodoro sea lo más tranquila posible para el pequeño, sin apresuramientos ni tensiones innecesarias. Debe comprender que su necesidad de hacer pipí o caca es un suceso rutinario, al igual que comer o jugar.

Estímulo y atención

Es fácil convertir el adiestramiento en el uso del baño en una actividad familiar si todos están dispuestos a estimular, elogiar y animar al niño. Incluso se podría ir más allá sugiriendo a los abuelos, tíos y tías que contemplaran con satisfacción el contenido del orinal. Algunos niños responden bien a este tipo de atención, pues para ellos la complacencia de sus hermanos y de los adultos les confiere un sentimiento de orgullo.

Aunque esta clase de estimulación constituye una parte importante del adiestramiento en el uso del baño, no se debe llegar al extremo de que el pequeño entienda que usar el orinal o el inodoro es una especie de representación, de espectáculo teatral, en lugar de un proceso de aprendizaje natural. Enseñar a tu hijo a usar el baño tal vez te parezca lo más importante en su vida a estas edades, pero lo cierto es que aprender a estar limpio y seco no es sino una etapa más hacia su independencia, y en consecuencia se debería tratar como

A algunos niños les encanta «lucirse» ante sus padres, familiares y hermanos, y recibir su felicitación. Otros en cambio se pueden sentir incómodos ante tanta atención.

Las prendas de vestir

Tu hijo debe ser capaz de bajarse y subirse la ropa interior con facilidad. Si lo vistes con peleles o vaqueros con cremallera o cinturón, le resultará mucho más difícil. Al principio podrías ponerle prendas sueltas y anchas, tales como chándals o vestidos, sin ropita interior. Esto simplifica la manipulación de la ropa. Si lleva pañales-braguita, ponle una simple camiseta de manga corta cuando esté en casa.

tal. El niño necesita atención positiva centrada en todos sus logros, y en tal caso, el adiestramiento en el uso del baño se debería tratar igual que cuando dio sus primeros pasos o pronunció sus primeras palabras.

Intimidad

Ser el centro de atención no es algo que satisfaga a todos los niños. En este caso, tu hijo se podría sentir muy incómodo con tanto bombo y platillo. Nadie lo conoce mejor que tú. Si es tímido y se muestra disgustado ante tanta atención, es recomendable que el adiestramiento sea algo que hacéis los dos en la intimidad, fuera de la vista del resto de la familia.

Algunos niños empiezan sintiéndose complacidos con la atención que despiertan sus progresos, hasta que de pronto se retraen y buscan la intimidad. Es posible que tu hijo se oculte en el dormitorio cuando le cambias la ropita interior y que se sienta ofendido si alguien intenta observarlo o ayudarlo. Procura respetar estos nuevos sentimientos, pues son un signo de su creciente independencia y autoconciencia. Si está atravesando esta etapa, es indudable que deseará estar solo en el cuarto de baño.

Comportamiento ideal

Todos los niños tienen derecho a la intimidad, y esto se debe respetar. Después de todo, tu hijo tendrá que aprender que aunque es correcto sentirse orgulloso de sus partes privadas y de que la desnudez es aceptable en familia, no lo es andar sin ropa o tocarse los genitales en público.

Desde luego, hay ocasiones en las que puede ser materialmente imposible garantizarle una absoluta intimidad mientras usa el baño. En las guarderías, por ejemplo, todos los niños suelen usarlo en grupo. Debes explicarle que diferentes situaciones pueden exigir comportamientos diferentes. Cuando lo comprenda, empezará a aprender los principios básicos de un comportamiento social aceptable.

Recompensar los progresos

La forma más eficaz de recompensar al niño mientras está aprendiendo a usar el orinal o el inodoro consiste en elogiarlo y prestarle la máxima atención, aunque ofrecerle algo más tangible, como por ejemplo un caramelo, pueda dar resultado y contribuir a reforzar el elogio. Tu hijo responderá positivamente a este tipo de incentivos porque le permiten elegir. En efecto, no usa el orinal para complacer a sus padres, sino para conseguir un dulce. Si le ofreces la posibilidad de decidir cuál es la alternativa que prefiere, se sentirá más independiente y dueño de sus actos, lo que fomentará el éxito.

Si optas por esta clase de incentivo, procura recordar que toda recompensa debe ser inmediata; el pequeño tiene que recibirla tan pronto como haya logrado hacer pipí o caca en el orinal o inodoro. Sugerirle que se mantenga seco y limpio durante un día o una semana antes de darle la recompensa no funcionará, ya que el tiempo carece de significado para tu hijo.

Tablas de estrellas, pegatinas y recompensas

Si crees que un obsequio de mayor envergadura, como por ejemplo un juguete, resultará más eficaz, tal vez prefieras utilizar una tabla de estrellas para destacar la relación entre el uso del baño y la recompensa. Puedes darle un juguete cada vez que hace pipí o caca en el orinal o bien introducir otro sistema, consiguiendo una estrella. Estas pegatinas se pueden colocar en una tabla, y cuando haya acumulado las suficientes —esto es algo que debes explicarle con claridad antes de empezar—, conseguirá el juguete. Por ejemplo, diez pegatinas podrían equivaler a un juguete. No hay que olvidar que se trata de un método de recompensa y que no debes despegar ninguna estrella si el niño tiene un «accidente». No hay que resaltar los fallos, sino potenciar sus logros.

Aun en el caso de que decidas no ofrecerle ningún otro tipo de incentivo, una tabla de estrellas en colores vivos puede ser más que suficiente para motivarlo. Implica a tu hijo en este método confeccionando juntos la tabla y animándolo a poner las estrellas o pegatinas. Incluso sin recompensa, las pegatinas o estrellas por mantenerse seco y limpio o por usar satisfactoriamente el orinal o el inodoro, le dará un verdadero sentimiento de logro y constituirá una forma excelente de reforzar tus elogios.

En lugar de animar a tu hijo a pedir dulces a cambio de usar el baño, ofrécele algo menos tangible, como por ejemplo, un día fuera de casa.

LAS RABIETAS DE PAUL

Creía que ofrecer una recompensa a Paul cada vez que usara correctamente el orinal le haría comprender enseguida las ventajas de ir al cuarto de baño. Al principio dio resultado, Paul me mostraba satisfecho lo que había hecho y yo le daba alguna que otra golosina. Pero luego se dio cuenta de que no hacerlo también le daba un cierto poder sobre mí. Si pedía algo y le decía «no», no dudaba en orinarse en el suelo.

Recompensas menos tangibles

Muchos padres consideran que ofrecer una recompensa material equivale a una especie de soborno y transmite un mensaje incorrecto al niño. En tal caso, podrías optar por un incentivo menos tangible, como por ejemplo una visita al zoo o al parque, es decir, un compromiso aceptable entre motivar a tu hijo y sobornarlo.

Sin embargo, al pequeño le puede resultar difícil comprender la conexión entre usar el baño y recibir este tipo de recompensa. Después de todo, no vas a ser capaz de ofrecerle un día fuera de casa cada vez que actúa correctamente. Podrías utilizar algún tipo de tabla de estrellas para clarificar el vínculo entre usar el baño y recibir una recompensa.

Problemas posibles

Cualquiera que sea el sistema de incentivo que hayas elegido, es importante que tu hijo no lo utilice para manipularte. Algunos padres que han probado algunos métodos de recompensa han descubierto con asombro que el niño se negaba a usar el orinal a menos que recibiera un premio, aun cuando fuera capaz de controlar la vejiga y los intestinos.

Sencillez

Para que un sistema funcione, tendrás que explicar a tu hijo cuáles son tus propósitos y utilizar un lenguaje que pueda comprender. También es esencial ofrecerle algo que realmente desee; si le ofreces una visita al zoo cuando lo que quiere en realidad es una bolsita de gominolas, estarás perdiendo el tiempo.

A algunos niños les divierten las tablas sencillas y les encanta pegar estrellitas. Otros prefieren tablas más elaboradas, de varias semanas, para poder comprobar sus progresos. En cualquier caso, procura que sean de colores vivos.

Adiestramiento de los niños

En general, además de ser algo más lentos que las niñas en completar el adiestramiento en el uso del baño, los niños suelen salpicar el suelo. Así pues, estáte preparado para limpiar la orina del pavimento. En los primeros meses es una buena idea colocar papel de periódico en el cuarto de baño para que absorba las salpicaduras.

Por otro lado, los niños son más propensos a jugar con la caca. Si es tu caso, no muestres disgusto; limítate a limpiarle las manos.

De pie o sentado

Tu hijo no tardará en demostrar si prefiere orinar de pie, como su padre, o bien sentarse en el orinal o el asiento del inodoro. Habitualmente, durante las primeras etapas del adiestramiento, los niños pequeños se sientan para hacer pipí. Teniendo en cuenta que los movimientos intestinales y la orina sueles llegar al mismo tiempo, parece lógico que tu hijo se siente desde un buen principio, por lo menos hasta que aprenda a diferenciar lo que tiene que hacer.

Si elige sentarse, deberás enseñarle a orientar el pene hacia abajo para que el pipí caiga en la taza del inodoro o dentro del orinal, y no en el suelo. Un orinal con salpicadero incorporado evitará que eso ocurra, aunque el niño se acostumbrará a depender del mismo en lugar de aprender a orientar su pene hacia abajo. Ten cuidado si compras un orinal con salpicadero desmontable, el pequeño podría pellizcarse el pene y lastimarse. Si tienes este tipo de orinal, desmonta el deflector antes de usarlo.

A menudo, los niños pequeños aprenden a orinar sentados, pero la mayoría de ellos prefieren hacerlo de pie como su padre o sus amigos.

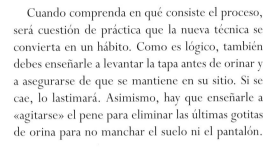

Cuando comprenda en qué consiste el proceso, será cuestión de práctica que la nueva técnica se convierta en un hábito. Como es lógico, también debes enseñarle a levantar la tapa antes de orinar y a asegurarse de que se mantiene en su sitio. Si se cae, lo lastimará. Asimismo, hay que enseñarle a «agitarse» el pene para eliminar las últimas gotitas de orina para no manchar el suelo ni el pantalón.

«Apuntar» correctamente

Estar de pie y orinar dentro de la taza del inodoro constituye una maniobra compleja para un niño pequeño. Sujétale el pene y oriéntalo antes de que empiece a orinar. Hacerlo bien requiere mucha práctica: hasta un año o más antes de que el pavimento y las paredes no queden salpicadas. Procura tener a mano un escalón; no sólo le facilitará el acceso al inodoro, sino que también le ayudará a «apuntar» mejor el chorro de orina.

Objetivos

Una buena forma de practicar la orientación a la hora de hacer pipí, amén de resultar muy divertido, consiste en «apuntar» a un objeto flotante, ya se trate de un cereal en forma de «O» o pedacitos de papel higiénico. También se fabrican «dianas» biodegradables.

Aprender a orinar de pie

Si a tu hijo le gusta sentarse para orinar, no lo fuerces a hacerlo de pie. Espera hasta que haya desarrollado el suficiente control. Por otro lado, si quiere usar un inodoro ordinario para orinar, no le obligues a hacer pipí en un orinal.

Cuando llegue a la edad preescolar, lo hará de pie, ya sea para intentar imitar a su padre o a otros niños de su grupo de juego. A menudo, los pequeñines aprenden mejor a través de la imitación. En este sentido, papá o cualquier otro adulto varón debería enseñarle a situarse delante del inodoro y a «apuntar» en la taza antes de orinar. Si no es posible la intervención de un adulto varón, tu hijo también aprenderá a orinar de pie, aunque tardará un poco más.

Adiestramiento de las niñas

No existe ninguna razón física o anatómica por la que a las niñas les resulte más fácil y completen más deprisa el adiestramiento en el uso del baño que los niños, pero lo cierto es que en muchos casos es verdad. Uno de los posibles motivos podría ser que las madres o cuidadoras suelen ser las principales personas implicadas en el adiestramiento, y a las niñas les resulta más fácil imitarlas que a los niños.

Asimismo, las niñas maduran mucho más deprisa; por término medio, alcanzan la pubertad un año o dos antes, lo cual podría ser debido a que los niños preescolares son más difíciles que las niñas de la misma edad, y que en general, completar an-

tes el adiestramiento forma parte de las pautas de comportamiento más maduras de las niñas.

Tácticas

Al igual que un niño toma su propia decisión sobre orinar de pie o sentado, tu hija mostrará su preferencia en relación con sentarse en el orinal o en el inodoro como mamá. Si se inclina por este último caso, tendrás que comprar un asiento infantil especial (véase p. 51), así como también un escalón para que pueda trepar hasta el asiento sin mayores problemas.

A menudo, las niñas pequeñas se orinan casualmente en las braguitas. Si es el caso de tu hija, quítaselas; tal vez le resulte más fácil.

La magia del color

Anima a tu hijo a usar el inodoro añadiendo colorante azul o rojo al agua. Le encantará comprobar que el pipí se torna verde o anaranjado. Si usa un orinal, el truco también da resultado; pon un poquito de agua y de colorante para alimentos en el fondo.

Posición correcta

Es posible que la niña se siente demasiado adelante en el inodoro o el orinal, orinándose en las braguitas. Enséñale a sentarse hacia atrás en el asiento para que el pipí caiga en la taza y ayúdale a bajarse las braguitas hasta los tobillos. Cuando se sienta cómoda sentada en el inodoro, encontrará una posición que le permita orinar en la taza sin ningún problema. Y si prefiere usar el orinal, y siempre que sea capaz de bajarse y subirse las braguitas ella sola, debería poder hacerlo sin demasiada ayuda de tu parte.

Ten a mano un orinal o un cuarto de baño cerca cuando tu hija tenga ganas de hacer pipí, aunque en ocasiones, cuando estéis de paseo, no tendrá otro remedio que hacerlo en la calle o en el parque. Esto no es un problema para los niños, pero las niñas deben tener mucho cuidado con los pies y las prendas de vestir al ponerse en cuclillas. Si la sostienes mientras está agachada, le será más fácil adoptar la posición correcta.

Aprender los límites

A veces las niñas pequeñas intentan copiar a su padre, hermano o amigo en la guardería y pretender orinar de pie, ensuciando el pavimento, aunque no tardan en descubrir que no funciona. Observar a su madre o a otra niña usando el baño les ayudará a comprenderlo mejor.

Secarse

Deberías enseñar a tu hijita a secarse de delante hacia atrás, es decir, hacia el ano. Hacerlo en sentido contrario puede propiciar la transferencia de bacterias desde el ano hasta el tracto urinario, lo cual puede provocar una infección, una razón por la que las niñas en edad de adiestrarse en el uso del baño contraen más infecciones urinarias que los niños o que las niñas mayorcitas (véase p. 30; consejos sobre los síntomas y tratamiento). Es probable que tengas que seguir ayudándola durante algún tiempo a secarse —las niñas pequeñas casi nunca lo hacen correctamente—, pero debes animarla a intentarlo.

Hábitos de higiene

Los niños tienen que aprender los fundamentos de la higiene tan pronto como inician el adiestramiento en el uso del orinal o el inodoro; los buenos hábitos adquiridos de pequeños resultarán muy beneficiosos para ellos a lo largo de toda la vida. Pero si bien es cierto que la higiene es importante, no te obsesiones; tu hijo podría intentar retener sus movimientos intestinales en un esfuerzo por no ensuciarse.

Los niños deben aprender diversas técnicas relacionadas con el cuarto de baño, desde el baño regular hasta la limpieza de los dientes. Unos buenos hábitos de higiene, tales como secarse, tirar de la cadena y lavarse las manos, deberían forma parte

de estas rutinas. A tu hijo quizá le parezca excesivamente duro aprender tantas cosas al mismo tiempo. Una forma de asegurarse de que no olvida ninguno de los aspectos esenciales consiste en confeccionar una tabla, incluyendo casillas para lavarse, tirar de la cadena y secarse, así como también cualquier otra cosa que tenga que hacer con regularidad, como por ejemplo lavarse la cara o cepillarse los dientes.

Limpiarse y secarse

Limpiarse y secarse después de haber usado el orinal o el inodoro puede constituir un auténtico desafío para el niño, y al principio tendrás que insis-

A algunos niños les fascina tirar de la cadena y lo hacen siempre que se lo permites. Otros, por el contrario, se muestran más temerosos y necesitan acostumbrarse poquito a poco para superar sus miedos.

fección en el tracto urinario, mientras que los niños tienen que aprender a «agitarse» el pene para eliminar las últimas gotitas de orina.

Fomenta la independencia de tu hijo en el cuarto de baño con productos que no pongan en peligro la sensibilidad de la piel, pero que al mismo tiempo sean robustos y absorbentes. Las toallitas de papel de baño, con una loción jabonosa, tienen una consistencia parecida a la de la tela, son biodegradables, cuidan la piel y simplifican la limpieza después de hacer caca.

Tirar de la cadena

Cuando empieces el adiestramiento en el uso del baño, tal vez descubras que a tu hijo le disgusta la idea de hacer colar por el inodoro el producto de sus esfuerzos. En tal caso, vacía el orinal o tira de la cadena cuando el pequeño ya no esté presente. Otra razón por la que podría disgustarlo es el ruido que hace. También podría asustarle el inodoro porque le preocupa caerse en él y desaparecer por el desagüe. Poco a poco superará estos temores. Entonces será el momento de animarlo a tirar él solito de la cadena. Cuando se sienta lo bastante confiado al hacerlo, puedes ayudarlo a vaciar el orinal en el inodoro y luego a tirar de la cadena. Anímalo a bajar la tapa antes de tirar de la cadena para evitar que los gérmenes puedan propagarse.

Algunos niños se muestran mucho más entusiastas que otros a la hora de tirar de la cadena y les fascina el ruido que hace. Incluso te podría resultar difícil evitar que lo haga una y otra vez. Si es así, no le permitas hacerlo cuando le venga en gana; intenta considerarlo un incentivo para cuando use adecuadamente el baño. En casos extremos, disuádele instalando en el inodoro un dispositivo a prueba de niños.

Los hábitos de higiene tales como lavarse las manos y cepillarse los dientes son muy importantes. El niño tiene que familiarizarse con ellos hasta el punto de que se conviertan en un comportamiento automático.

tir. Los padres suelen ayudar a limpiarse y secarse a sus hijos hasta alrededor de los cinco años, pero cuanto antes se acostumbre, mejor.

Anima a limpiarse a los niños y a las niñas por un igual, enseñándoles a hacerlo con suavidad. Si frotan su piel sensible con demasiada rudeza, se puede irritar. También debes enseñar al pequeño cuánto papel tiene que utilizar. Si dejas que lo hagan por sí solos, tienden a mostrarse superentusiastas desenrollando el papel e incluso pueden obturar el inodoro. Las niñas deberían aprender a limpiarse y secarse de delante hacia atrás para prevenir que los gérmenes del ano provoquen una in-

JUEGO INFANTIL

La muñeca se ha ensuciado

Una buena forma de ayudar a tu hijo a perfeccionar la técnica de limpiarse el culito después de hacer caca consiste en practicar con una muñeca. Unta el culito de la muñeca de chocolate o mermelada y sugiere al niño que la limpie después de haber «usado el orinal», procurando que algunas manchas sean difíciles de eliminar. Elógialo por el trabajo bien hecho.

Lavarse las manos

Lavarse las manos es muy importante, ya que es fácil que los gérmenes se propaguen desde el orinal o inodoro hasta la boca del niño. Explícale que son demasiado pequeños como para poder verlos, y que aunque sus manitas parezcan estar limpias, pueden quedar bacterias en la piel. Tampoco es necesario que exageres; podría obsesionarse.

Una de las formas más fáciles de enseñarle a lavarse correctamente las manos es lavártelas tú también. Enjabónatelas y presta una especial atención al secado. Podrías marcar un ritmo o contar hasta diez cada vez que tu hijo se lava las manos, para que se haga una idea del tiempo que debe invertir en la tarea. Es posible que le guste tener su propio jabón; tal vez puedas encontrar alguna pastilla en forma de su animalito preferido.

Jugar con el pipí y la caca

A menudo los niños se sienten fascinados por sus productos corporales e intentan tocarlos o jugar con el pipí o la caca, y si le explicas que no debe hacerlo incluso puedes darle a entender que se trata de algo realmente especial. Dile que el pipí y la caca contienen gérmenes, pero sin exagerar. Es preferible que distraigas su atención con otra cosa. Ya verás como no tarda demasiado en abandonar sus hábitos antihigiénicos.

Aprender a controlar los esfínteres

Algunos niños aprenden a controlar los esfínteres antes que otros, pero siempre que tu hijo esté lo suficientemente maduro tanto física como emocionalmente al iniciar el adiestramiento, no tardará en captar la idea y acostumbrarse, aunque puede seguir teniendo «accidentes» durante algún tiempo. Según los especialistas, el control de los intestinos es más simple que el de la vejiga, si bien es cierto que no hay reglas estrictas acerca de este particular. Aunque los músculos del niño le permiten retener los movimientos intestinales durante más tiempo que la orina, la necesidad de hacer caca no es tan acusada, y en consecuencia, le puede resultar más difícil reconocer los signos. Asimismo, también es posible que aprenda a controlar simultáneamente la vejiga y los intestinos, lo

cual suele ser más habitual en los niños que ya están bastante maduros cuando inician el adiestramiento en el uso del baño.

Cualquiera que sea lo que aprenda primero, lo importante es que controle una de estas funciones. Aprender a controlar la otra será cuestión de tiempo. No tiene sentido apresurarlo para que lo consiga antes de que esté preparado para ello.

Control de la vejiga por la noche

Una vez controlada la vejiga, tu hijo apenas tendrá «accidentes» durante el día, pero aun así es probable que se levante seco por la mañana. Muchos niños no consiguen controlar la vejiga por la noche

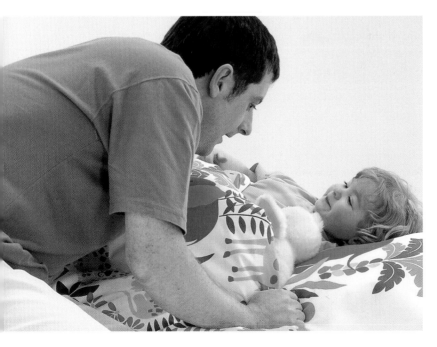

Muchos niños tardan un largo período de tiempo en aprender a mantenerse secos por la noche. Alrededor del 20% de los niños de cinco años continúan mojando la cama.

x

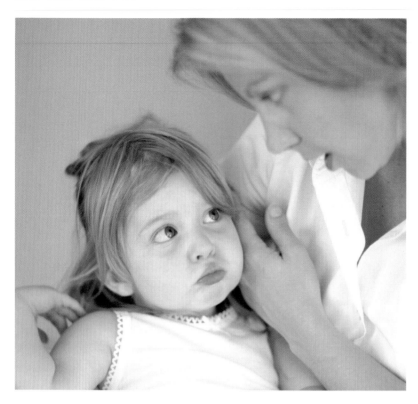

La mayoría de los niños seguirán teniendo algún que otro «accidente» de vez en cuando, lo cual puede resultar muy frustrante para ellos. Es importante animarlos y tranquilizarlos.

al ciento por ciento hasta transcurridos varios meses desde que han aprendido a mantenerse secos de día. Ni que decir tiene que algunos chiquitines logran mantenerse secos de noche al mismo tiempo o transcurrido muy poco tiempo después de haber conseguido controlar la vejiga durante el día. Ambos casos son bastante normales.

Los «accidentes» ocurren

Sería absurdo pensar que tu hijo nunca aprenderá a mantenerse seco o a hacer caca solito cuando se ha acostumbrado a usar el orinal o el inodoro. En ocasiones, es sólo cuestión de tiempo, como cuando no se las ingenia para ir al cuarto de baño lo bastante rápido. Otras veces, puede ocurrir por olvido o distracción; tal vez esté demasiado ocupado jugando y no responda a la sensación de urgencia. Recuerda que los «accidentes» desempeñan una función importante en el adiestramiento en el uso del baño, pues ayudan al pequeño a darse cuenta de lo que sucede cuando siente la necesidad de hacer pipí o caca.

TRUCOS ÚTILES

- Guarda la ropa interior y los pantalones limpios donde el niño pueda alcanzarlos para que aprenda a cambiárselos por sí solo.

- Si es necesario, sugiérele que ponga la ropa mojada o sucia en el cesto de la ropa o en la lavadora.

- Ponle sandalias de plástico o deja que vaya con los pies desnudos para que los zapatos o zapatillas no estén en contacto con el pipí o la caca.

- Ten siempre a mano una mopa y un cubo para limpiar el suelo después de un «accidente».

Tranquilizar al niño

Tu hijo podría sentirse avergonzado o incómodo cuando tiene un «accidente», desanimándolo y dando un paso atrás en sus progresos. Tranquilízalo explicándole que no debe preocuparse, y recuérdale que la próxima vez te diga que tiene ganas de ir al baño. No insistas en la necesidad de que te lo haga saber cada vez; esto sólo lo presionaría y tendría un efecto negativo. Si lo estimulas constantemente empezará a darse cuenta de que es algo que puede conseguir, aunque ocasionalmente se produzca algún que otro «accidente».

Luchas de poder

Es bastante normal sentirse disgustado, incluso enojado, cuando el niño tiene frecuentes «accidentes», pero estas emociones casi siempre son contraproducentes. A algunos pequeñines les puede asustar tu reacción y continuar mojándose o ensuciándose como resultado de este temor. Otros niños en cambio disfrutan siendo el centro de atención, incluso cuando dicha atención es de total desaprobación. Después de todo, ésta es una de las pocas áreas de la vida en la que los padres no pueden obligar a sus hijos a hacer lo que desean. En efecto, si tu hijo decide mojarse la ropita interior, no hay nada que puedas hacer para evitarlo. Al niño le podría gustar la idea de tener un cierto poder sobre ti, y cuanto más te disgustes con él, mayor será el control que ejercerá sobre tus emociones.

Ignorar la situación

Si te sientes disgustado o frustrado por el hecho de tener que pasar la fregona diez veces al día, habla con tu hijo sobre tus sentimientos en lugar de adoptar una actitud airada o incluso de propinarle un cachete. Explícale que todo el trabajo adicional que tienes que hacer te hace sentir muy fatigado y bastante disgustado, y que sería mucho mejor para ambos que en el futuro utilizara el orinal o el inodoro. De este modo el niño sabrá cómo te sientes, pero no tendrá la satisfacción de ser capaz de hacerte perder los nervios. Al no combatir los «accidentes» con gritos y desmanes estás evitando que el pequeño los utilice como un medio de llamar tu atención.

Estáte preparado

En lugar de disgustarte por los «accidentes» de tu hijo, estáte preparado para ellos para minimizar sus efectos. La orina es fácil de limpiar en un pavimento normal y corriente, y las moquetas y tapicerías se pueden limpiar con un producto doméstico adecuado. Las heces son más difíciles de tratar. Si se hace caca en los pantalones, dúchalo o báñalo, pon la ropa manchada en la lavadora y explícale que la próxima vez que tenga ganas de hacer caca, debería decírtelo para que pueda hacerlo en el orinal o inodoro.

Cuando el niño esté limpio, siéntalo en el orinal o inodoro durante uno o dos minutos para comprobar si ha quedado algo por hacer. Esto contribuirá a asociar el pipí o la caca con el uso del orinal.

" TRANQUILIZANDO A SUZIE

Soy una persona muy organizada, y en el adiestramiento para el uso del baño también. Sin embargo, no había calculado la posible negativa de Suzie a cumplir mis instrucciones. Cuanto más intentaba encuadrarla en una rutina diaria, más difícil resultaba. Rehusaba utilizar el orinal cuando se lo pedía y la cuestión no tardó en convertirse en una auténtica batalla. Frustrada y desesperada, pedí a mi pareja que me ayudara a afrontar el problema. Él es mucho más tranquilo que yo y su enfoque satisfizo muchísimo más a Suzie. Bastó un fin de semana de adiestramiento para que se mantuviera seca. "

Sequito por la noche

Si tu hijo no consigue mantenerse seco por la noche alrededor del mismo tiempo en que lo ha logrado de día, no te preocupes, no es el único. La mayoría de los niños no son capaces de pasar toda la noche sin hacerse pipí hasta transcurridos varios meses. Después de todo, ir al baño a tiempo es muchísimo más fácil cuando está despierto que cuando está dormido.

El modo de afrontar la situación de «sequito de día, mojado de noche» dependerá en gran medida de ti. Algunos padres ponen un pañal a su hijo, mientras que para otros esto no hace sino transmitirle un mensaje contradictorio. ¿Cómo puede comprender el pequeñín que es aceptable mojar el pañal por la noche pero no durante el día?

Es importante recordar que tu hijo no se moja por la noche a propósito o porque sea perezoso. El cuerpo de los niños se desarrolla a diferentes ritmos, y es posible que el suyo no se haya desarrollado físicamente lo suficiente como para ser capaz de retener la orina toda la noche. También puede darse el caso de que duerma muy profundamente y no perciba la sensación de necesitar hacer pipí. Una vez llena, la vejiga se vacía automáticamente, al igual que cuando era un bebé.

Si tu hijo sigue teniendo «accidentes» durante el día u orina aproximadamente cada dos horas, no está preparado para mantenerse seco por la noche y es aconsejable ponerle un pañal.

Muchos niños no consiguen mantenerse secos por la noche hasta transcurrido un mínimo de seis meses desde que lo lograron de día.

Fomentar las noches secas

Cuando el niño haya conseguido mantenerse se-quito durante algunas noches, prueba a quitarle los pañales. Algunos pequeños incluso lo piden expresamente. No te preocupes si tienes que volver a ponérselos en caso de que la fórmula no dé resultado; se necesitan varios intentos antes de tener éxito. Un empapador lavable sobre el colchón o una funda desechable y absorbente, tipo pañal, sobre la cama evita que aquél se empape de orina y huela mal, minimizando el lavado. Incluso puedes utilizar dos empapadores y dos sábanas ordinarias con el fin de retirar las sábanas mojadas y aun así disponer de un colchón y un empapador seco.

Uso del baño por la noche

No todos los niños tienen unos músculos de la ve-jiga lo bastante fuertes como para contener la orina toda la noche. Es muy posible que tu hijo tenga que levantarse para usar el orinal o el inodoro. Si ha aprendido satisfactoriamente a hacerlo de día, también debería conseguirlo de noche, aunque no olvides que este proceso lleva su tiempo. Puede ser útil dejar un orinal en su dormitorio para que lo use por la noche, aunque lógicamente la habitación olerá mal. Asimismo, se corre el riesgo de que el pequeño lo vuelque al levantarse de la cama por la mañana.

Procura que la temperatura ambiente del dormitorio de tu hijo sea cálida para que levantarse por la noche no signifique tener que abandonar una cama calentita. Instala una lámpara de noche para que no se asuste con la oscuridad. Restringir la ingesta de líquidos antes de acostarse se traduce en una menor producción de orina durante la noche, aunque el que se produce es más concentrado, lo cual no ayuda a controlar la vejiga. No limites la bebida de tu hijo hasta el punto de que se acueste sediento. No tiene nada que ver la ingestión de una bebida no estimulante, como por ejemplo la leche o el agua, con el hecho de mojar la cama por la noche.

LISTA DE COMPROBACIÓN

Signos de predisposición

Alguno o todos los signos siguientes indican que tu hijo se ha desarrollado lo suficiente para controlar la vejiga por la noche.

- ✔ El niño tiene menos «accidentes» durante el día.

- ✔ Parece disgustado consigo mismo cuando se orina.

- ✔ Es capaz de retener la orina alrededor de cuatro horas sin tener ganas de hacer pipí.

- ✔ A menudo se mantiene seco tras una siesta diurna.

- ✔ De vez en cuando, se despierta seco por la mañana.

- ✔ A veces se despierta más temprano por la mañana para orinar.

Levantarlo a media noche

Una solución que adoptan muchos padres para que el niño no moje la cama consiste en levantarlo y sentarlo en el orinal o el inodoro para que orine. Sin duda, puede resultar muy fatigoso para los padres, y algunos expertos opinan que esto acostumbra a los pequeños a que sus padres los despierten y lleven al baño, con lo cual no desarrollan la responsabilidad de hacerlo ellos solitos cuando necesitan ir. Sin embargo, puede ser útil durante las primeras etapas de la introducción del concepto de despertarse a media noche cuando tenga ganas de orinar.

¿CUÁNDO PUEDES ESPERAR QUE ESTÉ SECO POR LA NOCHE?

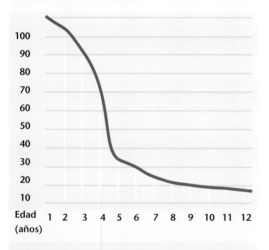

% aproximado de «moja-camas»

100												
90												
80												
70												
60												
50												
40												
30												
20												
10												
Edad (años)	1	2	3	4	5	6	7	8	9	10	11	12

Esta tabla muestra el porcentaje aproximado de niños que mojan la cama a diferentes edades. Los pediatras no suelen considerar que mojar la cama sea un problema hasta, como mínimo, los cinco años.

Llevarlo en brazos

Si tu hijo se disgusta cuando lo despiertas, llevarlo en brazos puede ser una táctica equivocada. Es tentador llevarlo hasta el baño sin despertarlo, pero los especialistas dicen que el niño necesita estar despierto para ser consciente de lo que está haciendo. Llevarlo en brazos hasta el cuarto de baño tal vez te ahorre una cama mojada, pero no contribuirá en lo más mínimo a desarrollar el control de los esfínteres. A decir verdad, incluso puede de-

morar el proceso, pues habrá aprendido a permanecer dormido cuando tiene ganas de orinar.

Observa a tu hijo

Es importante hacer un especial hincapié en cómo influye en tu hijo el hecho de mojar la cama. Quizá se sienta frustrado y avergonzado, lo cual menoscabará su autoestima. No conviertas en un espectáculo el cambio de las sábanas mojadas, y en lugar de enojarte con él, explícale que es bastante normal y que ya se mantendrá sequito cuando haya crecido un poco más. Al igual que con todos los aspectos del adiestramiento en el uso del baño, es esencial adoptar una actitud positiva y estimulante; a menudo, la crítica resulta contraproducente.

Movimientos intestinales nocturnos

Es extremadamente inusual que los niños que usan el orinal o el inodoro durante el día se hagan caca por la noche. No obstante, no es infrecuente hacerlo cuando llevan puesto el pañal, o por la mañana antes de que tengas tiempo de quitárselo. Podría darse el caso de que la sensación de hacer caca en el pañal le proporcionara un sentimiento de familiaridad o seguridad.

Cómo afrontar los problemas

Son pocos los padres lo bastante afortunados que completan satisfactoriamente el adiestramiento en el uso del baño sin experimentar algún que otro problema. Puede resultar particularmente frustrante que el niño moje reiteradamente la cama o que dé un paso atrás después de un período sin orinarse, aunque la mejor manera de afrontar los problemas en el adiestramiento consiste en permanecer tranquilo y adoptar una actitud positiva, procurando comprender por qué ocurre.

Regresión

Se puede producir en cualquier momento y a menudo está asociada con el estrés o enfermedad. Es posible que tu chiquitín se haya mantenido seco durante algunas semanas y que luego, de repente, empiece a orinarse día sí, día también. Tal vez te coja por sorpresa y que te disguste sobremanera, hasta el punto de perder los nervios.

Analiza qué es lo que está perturbando a tu hijo. Puede ser algo evidente, como haber empezado a ir al jardín de infancia o un cambio de canguro, o simplemente un cambio en la rutina o algún disgusto en casa. Cualquiera que sea la causa, anímalo, sé paciente y procura comprender tanto la causa del estrés como de los «accidentes». Reñirlo o presionarlo para que use el baño sólo empeorará las cosas y pondrá más nervioso al niño.

Quizá optes por ponerle de nuevo los pañales. No existen reglas estrictas e infalibles acerca de este particular, y tu decisión se debería basar en el profundo conocimiento de tu hijo y en tu propia capacidad de tolerancia a la hora de hacer frente a este tipo de problemas. Conviene tener presente que los períodos de regresión suelen ser transitorios y se prolongan durante un breve período de tiempo, aunque también pueden ser más dilatados, sobre todo si el pequeño ha estado enfermo.

En ocasiones, un período de enfermedad puede interrumpir el proceso de adiestramiento en el uso del baño o provocar una regresión temporal.

La diarrea y las infecciones del tracto urinario suelen provocar frecuentes «accidentes». Ponle el pañal-braguita. Esto le permitirá seguir manteniendo su independencia y usar el orinal, al tiempo que reduce los efectos de la orina en términos de suciedad.

Persistencia en mojar la cama

Es muy habitual que los niños sigan mojando la cama durante algún tiempo tras haber adquirido el control diurno de la vejiga. Si tu hijo aún no ha cumplido seis años, probablemente sea aconsejable esperar y ver si las cosas mejoran con la edad. Pero algunos pequeñines continúan teniendo problemas por la noche (enuresis nocturna) superado ampliamente el sexto aniversario, e incluso un 5% de los niños de diez años tienen dificultades para mantenerse secos por la noche.

Aunque mojar la cama no es perjudicial en sí mismo, puede resultar extremadamente frustrante tanto para los padres como para los niños. Los que son ya mayorcitos y siguen mojando la cama podrían sentirse avergonzados ante su falta de con-trol, amén de privarles de la oportunidad de tomar parte en actividades tales como viajes escolares o pasar la noche en casa de un amigo. Por otro lado, los padres acaban hartándose de cambiar y lavar constantemente las sábanas.

Comprender las causas

Las causas de la enuresis persistente aún no se conocen por completo, y a menudo es fruto de una combinación de factores. Puede existir algún problema físico o de desarrollo, como por ejemplo que el ritmo físico de maduración del niño sea simplemente lento o que padezca alguna anormalidad física, como en el caso de una vejiga especialmente pequeña o algún tipo de debilidad muscular o inestabilidad de la vejiga. Sólo una mínima mi-

¿QUÉ FUNCIÓN DESEMPEÑA LA GENÉTICA?

A menudo, mojar la cama va por familias. Algunos estudios sugieren que los niños son mucho más propensos a hacerlo de noche cuando uno de sus padres o los dos también lo fueron en su día.

Si tú o tu pareja tuvisteis estos problemas de niños, decídselo a vuestro hijo. Se sentirá muy aliviado al saber que uno de sus padres u otro miembro de la familia también mojaba la cama igual que él.

Los dos padres — 77%

Un padre — 44%

Ningún padre — 15%

noría de niños presentan una deficiencia en la hormona antidiurética (HAD), que reduce la cantidad de orina producida durante la noche. Los trastornos físicos y médicos se pueden tratar con diversas técnicas; consúltalo con tu pediatra.

Algunos niños que mojan insistentemente la cama duermen muy profundamente, aunque también suelen intervenir otros factores. En algunos casos, pero no todos, mojar la cama puede estar relacionado con el estrés o la preocupación, lo cual suele suceder casi siempre cuando el niño experimenta una regresión después de un período de control. En tal caso, es fundamental no reñirlo, ya que esto no haría sino empeorar las cosas. Si sospechas que tu hijo se siente mal por cualquier causa y persiste en mojar la cama, no dudes en buscar el consejo médico.

Tratamiento

No existen reglas estrictas e infalibles a la hora de tratar una enuresis persistente. La mayoría de los niños superarán los problemas con la edad; todo lo que necesitan es estímulo. Por muy desesperado que te sientas, procura mantener una actitud positiva. En este sentido, las tablas de estrellas pueden dar resultado a la hora de fomentar un comportamiento positivo.

También podrías sugerirle que esperara el mayor tiempo posible durante el día antes de orinar. Esto dilatará la vejiga, que será capaz de contener más orina, contribuyendo a demorar la necesidad de orinar por la noche. Cuando tu hijo orine, dile que retenga y suelte el chorro alternativamente. De este modo fortalecerá los esfínteres.

Condicionamiento

Asimismo, también es posible condicionar al niño a despertarse a media noche para usar el baño. Una forma de hacerlo consiste en despertarlo a la misma hora cada noche (más información en p. 75). Otra alternativa es utilizar algún tipo de alarma en el caso de mojar la cama, que suele consistir en un sensor que se coloca debajo de la sábana y que despierta al niño cuando se orina, aprendien-

ATENCIÓN

En una pequeña minoría de niños que mojan la cama, los «accidentes» son un síntoma de infección en el tracto urinario (p. 30). Si va acompañado de alguno de los factores siguientes, y en especial si tu hijo ha empezado a mojar la cama después de un período de noches secas, deberías consultar a tu pediatra para descartar la existencia de una infección:

- Fiebre

- Dolor abdominal

- Orinar con más frecuencia que de costumbre

- Dolor durante la micción

- Sangre en la orina

do de este modo a asociar la necesidad de hacer pipí con despertarse.

Medicación

El peligro de las medicaciones reside en que tratan los síntomas de la enuresis en lugar de su causa. En efecto, el pequeño puede establecer una relación de dependencia del fármaco en cuestión en lugar de aprender a controlar la vejiga por sí solo. Ésta es la razón por la que no se suele prescribir medicación alguna si no es combinada con otros tipos de tratamiento. Si tu hijo sufre una deficiencia en la HAD, el pediatra tal vez le recete una medicación antidiurética para reducir la producción de orina por la noche.

Renuencia

Es posible que tu hijo se muestre completamente predispuesto a hacer pipí en el orinal o inodoro, pero que se niegue en redondo a hacer caca en él. Como consecuencia, puede desarrollar estreñimiento o ensuciarse la ropa interior. En algunos casos, el niño incluso podría llegar a depositar las heces en un rincón o en un armario. Tal vez tengas la sensación de que te está provocando deliberadamente, aunque una razón más plausible de tal comportamiento es que simplemente le está costando muchísimo cumplir al mismo tiempo todas las exigencias del adiestramiento en el uso del baño. También es posible que lo considere un excesivo control por tu parte y que quiera ser él quien decida lo que debe hacer con sus funciones corporales.

Estreñimiento

El estreñimiento puede complicar la renuencia a ir al baño. Cuando un pequeño retiene las heces durante un largo período de tiempo, éstas se adhieren en el recto, lo cual produce malestar e incluso dolor, haciendo que se muestre más renuente si cabe a hacer caca. No lo ignores, pues el problema

La renuencia a hacer caca en el orinal no es inusual, aunque puede ser difícil de tratar. No te enojes con tu hijo; podrías empeorar el problema.

podría empeorar en lugar de mejorar; consulta a tu pediatra (más información sobre el estreñimiento en p. 32).

Encopresis

Se produce cuando el niño retiene sus movimientos intestinales durante un largo período, hasta el punto de que las heces se endurecen y se adhieren al recto. Esto puede confundirlo, pues no comprende lo que está sucediendo. Alrededor de estas heces compactas se producen otras más sueltas, casi líquidas. De ahí que el pequeño se ensucie la ropa interior varias veces al día. Un niño que padece encopresis necesita ayuda, ya que ensuciarse resulta incómodo, y las heces duras y adheridas, si no se tratan, podrían provocar daños en el colon.

6 Situaciones especiales

Cuando se trata del adiestramiento en el uso del baño, existen algunas situaciones especiales que exigen una consideración especial. Tal vez hayas tenido un bebé y tu hijo mayor se sienta celoso del recién nacido; quizá tú y tu pareja estéis separados pero compartáis el cuidado del niño; podrías tener un par de gemelos de armas tomar o un hijo discapacitado; o tal vez quieras saber cuál es el método más adecuado para potenciar el adiestramiento del niño cuando estéis fuera de casa o de vacaciones. Estas situaciones, aunque no resultan ni mucho menos infrecuentes, requieren una profunda reflexión acerca de cuál es la mejor forma de encaminar a tu hijo y de conseguir que el adiestramiento en el uso del baño sea satisfactorio.

Fuera de casa

Una vez iniciado el adiestramiento, deberás ser capaz de hacer frente a las necesidades fisiológicas de tu hijo fuera de casa. Es probable que transcurra un determinado período de tiempo antes de que esté preparado para usar los servicios públicos, de manera que tendrás que llevarte el orinal.

Viajes

Si vas en coche habrá que programar frecuentes paradas. Así pues, sal con tiempo y procura que el niño orine antes de partir.

Ten a mano el orinal en el coche, además de toallitas, papel higiénico y una muda limpia. Reduce la ingesta de líquidos antes y durante el viaje, y evita cualquier bebida que estimule la vejiga, como por ejemplo los refrescos con gas. Si viajas mucho, podrías comprar un orinal especial con tapa, para guardar las heces o la orina del pequeño hasta que puedas vaciarlo.

Viajar en avión no debería causar tantos problemas, siempre que seas capaz de persuadir a tu hijo de que use los servicios. Si prefiere el orinal, podrías llevar uno en el equipaje de mano. Los trenes y barcos tienen lavabos a bordo, aunque en ocasio-

Los viajes largos en automóvil con niños pequeños pueden ser muy estresantes. Si tu hijo se muestra reticente a usar un inodoro ordinario, llévate un orinal. El que aparece en la ilustración se dobla, se puede guardar fácilmente y dispone de un forro desechable.

nes están en pésimas condiciones de higiene. Tener a mano un orinal y algunas toallitas contribuirá a que el trayecto sea más confortable para el pequeñín.

Cuidado infantil

Muchas guarderías y jardines de infancia exigen que los niños estén, por lo menos, parcialmente adiestrados antes de aceptarlos. Es posible que los cuidadores tengan que ocuparse de muchos niños, en cuyo caso, cambiar continuamente los pañales resultaría poco práctico. En ocasiones, esto presiona a los padres para conseguir que sean capaces de mantenerse limpios y secos antes de que estén preparados para ello.

Miedos y preocupaciones

Aunque tu hijo haya aprendido a usar el cuarto de baño, se puede producir algún que otro «accidente» al empezar en la guardería. Al principio, el entorno le resultará muy extraño y tendrá que aprender muchísimas cosas con rapidez: el pequeño debería usar el orinal o el inodoro sin que se lo recordaran, y es posible que no lo comprenda; puede estar nervioso o preocupado porque al tirar de la cadena el inodoro hace un ruido distinto al de su casa; podría ser incapaz de alcanzar el interruptor de la luz o sentir vergüenza por el hecho de tener que hacer sus necesidades con tanta gente a su alrededor; también puede darse el caso de que se sienta simplemente estresado por todas las nuevas experiencias. Intenta averiguar la causa de sus preocupaciones y ayúdalo a superar sus miedos. Cuando lo consigas, los «accidentes» desaparecerán.

Distracciones

La razón más probable de que tu hijo tenga algún «accidente» ocasional en el jardín de infancia es que está demasiado ocupado para advertir que necesita ir al baño. Si se concentra mucho y se siente muy predispuesto a aprender, quizá no quiera ir

Los niños se desorientan con facilidad ante lo desconocido. En vacaciones es normal que se produzca una ligera regresión en el adiestramiento en el uso del baño.

por si se pierde algo interesante. Asimismo, puede apresurarse tanto para regresar lo antes posible que se orine encima. Proporciona una muda nueva a sus cuidadores y pídeles que supervisen sus visitas al cuarto de baño hasta que sea capaz de arreglárselas por sí solo.

La llegada de un recién nacido

La llegada de un bebé puede ocasionar una regresión en los hábitos de comportamiento de tu hijo. Aunque dé la sensación de estar encantado con su nuevo hermanito, puede acusar las consecuencias de todo el ajetreo que conlleva tan feliz acontecimiento. Tal vez se sienta celoso porque el chiquitín absorbe una buena parte de tu atención, empezando a mojarse en un esfuerzo por recuperarla y reclamar su estatus como el bebé de la familia.

Dale tiempo

Dale tiempo a tu hijo para adaptarse a la nueva situación y procura que comprenda que aunque su nuevo hermano exija muchísima atención, sigues queriéndolo. Explícale que siempre ocupará un lugar especial en la familia. Estimula su confianza diciéndole el importante rol que desempeña como hermano mayor, y que parte de su nueva condición de «adulto» consiste en acordarse de usar el baño. Explícale que el recién nacido ocasiona mucho trabajo y dale a entender lo orgulloso que te sientes de que sea tan mayor.

La llegada de un nuevo bebé puede hacer que tu hijo se sienta muy inseguro en relación de su estatus en la familia. Implícalo en su cuidado y procura que comprenda lo importante que es para ti.

Las rabietas y orinarse encima son formas con las que un niño puede intentar recuperar tu atención ante la llegada de un nuevo hermanito. Para él, incluso una respuesta negativa es mejor que nada.

LA HERMANITA DE TOMMY

Tommy había completado satisfactoriamente su adiestramiento un mes antes de que naciera su hermanita y para mí era un alivio no tener que cargar con dos niños en pañales. Al principio, se mostró muy emocionado, pero un día me preguntó cuándo regresaría al hospital. Le expliqué que el bebé había venido para quedarse, y pocos días después empezó a orinarse encima. Cuanto más me enojaba, más «accidentes» tenía. Al final, el pediatra sugirió que le pusiera de nuevo los pañales. Tardó un mes antes de hacerse a la idea de que su hermanita estaría siempre en casa y decidir que había llegado el momento de vestir de nuevo con su ropita interior.

Mantén la calma

Muéstrate tolerante con sus «accidentes», ayúdalo a limpiarse y no lo riñas, avergüences o castigues. Si reaccionas con enojo o lágrimas, es probable que siga mojándose o ensuciándose por el simple deseo de obtener este tipo de respuesta emocional. Para un niño puede ser muy excitante descubrir que es capaz de reducirte a lágrimas por el simple hecho de mojar el suelo.

Habla con tu hijo

Procura que te cuente cuáles son exactamente sus sentimientos en relación con el bebé y hazle saber que al principio es natural sentirse enojado o celoso. Si el niño es capaz de verbalizar su resentimiento, es menos probable que exprese sus sentimientos de otras formas, tales como rabietas o mojando la ropita interior. Es importante que sepa que se le quiere a pesar de haber dejado de ser el centro de la atención familiar.

Soluciones prácticas

Si no eres capaz de hacer frente a un recién nacido y a un niño mayorcito que se moja o ensucia con frecuencia, podrías considerar la posibilidad de ponerle de nuevo los pañales ordinarios o un pañal-braguita durante algún tiempo. Aun así, no te desanimes ni descuides el adiestramiento en el uso del baño y no varíes la rutina que habías utilizado con anterioridad. Transcurridas algunas semanas tu hijo volverá a usar el cuarto de baño sin problemas.

Gemelos

Aunque la idea de tener que adiestrar a dos o más niños al mismo tiempo pueda parecer aterradora, las técnicas aplicables a los gemelos son básicamente idénticas a las que se utilizan con un solo niño. Como es natural, resultará más difícil prestar la atención individual que requiere el adiestramiento en el uso del baño. Así pues, es aconsejable recabar la colaboración de alguien más antes de empezar. Tal vez tu pareja o algún familiar puedan

Adiestrar al mismo tiempo a dos niños curiosos y sin pañales puede resultar agotador. Espera hasta que ambos estén preparados.

echarte una mano, por lo menos durante los primeros días.

El momento ideal

El adiestramiento de dos niños significa el doble de «accidentes» que limpiar y el doble de ropa que lavar. De ahí que sea muy importante elegir el momento en el que estés preparado física y emocionalmente para todo el trabajo extra que implicará esta tarea.

Antes de empezar consulta la lista de comprobación de la página 40 para asegurarte de que ambos presentan los signos suficientes de madurez física y emocional. Incluso podrías demorar el proceso hasta que hayan cumplido tres años, pues

habrán adquirido una mayor madurez, lo cual simplificará sobremanera el adiestramiento.

Trato individual

No dés por supuesto que tus hijos siempre desearán hacerlo todo juntos. En ocasiones, los gemelos se esfuerzan para definir su propia identidad individual, y esto se aplica también al proceso de adiestramiento en el uso del baño. Tendrás que comprar dos orinales para que cada cual tenga el suyo; este proceso ya es de por sí lo bastante complejo como para persuadir a dos niños en el uso compartido de un orinal. Deja que los personalicen a su antojo con pegatinas o etiquetas con su nombre para conferirles un significado de propiedad personal.

En el caso de que sólo uno de los gemelos parezca predispuesto a iniciar el adiestramiento, podrías hacerlo individualmente, aunque quizá prefieras esperar hasta que los dos hayan madurado lo suficiente para empezar juntos. Adiestrarlos por

---

ADIESTRAMIENTO PARA DOS

Mi hija había completado el adiestramiento en el uso del baño a los dos años. No fue difícil, de manera que cuando llegaron los gemelos seguí el mismo método: sentarlos en el orinal a intervalos regulares. James se acostumbró enseguida, pero Michael tardó más, negándose a hacer caca en el orinal durante tres meses. Creo que estaba celoso de su hermano. Aunque tuve que dedicarles muchísimo tiempo durante las primeras semanas, el adiestramiento de los gemelos no fue ni la mitad de difícil del de mi hija.

---

separado puede hacer más fácil para cada pequeño concentrarse en su propio cuerpo y en su progreso personal.

Aprender con el ejemplo

Si decides emprender la aventura con los dos niños al mismo tiempo, tal vez descubras que uno de

A algunos gemelos les gusta hacerlo todo a la vez, incluyendo el adiestrarse en el uso del baño, mientras que otros en cambio gatearán en direcciones opuestas a las primeras de cambio.

ellos progresa más deprisa que el otro. En realidad, esto puede ser muy útil, ya que el pequeñín que progresa con mayor rapidez contribuirá a estimular a su hermano, y el que tarde más en aprender no tardará en imitarlo. Es bastante normal que un gemelo complete satisfactoriamente el adiestramiento antes que el otro, pero no caigas en la tentación de usar ese logro para avergonzarlo cuando tenga un «accidente»; sólo prolongarías el tiempo de adiestramiento del más lento.

Padres separados

Si tú y tu pareja estáis separados pero compartís el cuidado de vuestro hijo, es recomendable coordinar la estrategia de adiestramiento en el uso del baño. Esto no significa que los dos tengáis que seguir la misma rutina, pues a decir verdad, la flexibilidad en el enfoque puede resultar muy beneficiosa para el niño. Pero es importante que os mantengáis informados acerca de sus progresos y que seáis conscientes de sus regresiones, si se producen, pues podrían estar asociadas a vuestro comportamiento mutuo. Los disgustos y discusiones influirán negativamente en el pequeño, y esto se puede reflejar en su conducta, dificultando el proceso de adiestramiento.

Empezar

Si vuestro hijo vive contigo la mayor parte del tiempo y sólo ve a su otro padre los fines de semana, será mejor que seas tú quien empiece el adiestramiento en su entorno familiar habitual. Una vez iniciado, es mucho más fácil que tu ex pareja lo continúe.

A ser posible, estableced una rutina que a ambos os resulte sencillo aplicar, para que el chiquitín no se desoriente y se confunda ante dos métodos diferentes de adiestramiento.

Un orinal o asiento de inodoro del mismo estilo contribuirá a que vuestro hijo se sienta más cómodo al usarlo.

Habla con tu hijo acerca de la rutina del adiestramiento en el uso del baño que aplica tu ex pareja para no desorientarlo con un enfoque dispar.

Una tabla en la que consten sus progresos le dará la oportunidad de demostrar cada uno de sus logros. Confeccionad una tabla en cada domicilio para no perderos ni un solo detalle de sus progresos. Para que dé resultado, deberéis poneros de acuerdo en el tipo de anotación (pegatina o estrella) y en si es apropiado recompensarlo de algún modo.

Estímulo

En ocasiones, el niño se muestra más predispuesto a cooperar con el padre al que ve con menor frecuencia. Sin embargo, también se puede sentir disgustado por sus «accidentes» y por la posibilidad de causarle desagrado. Incluso puede pensar que tener «accidentes» influirá de alguna forma en su relación con el padre con el que pasa un menor período de tiempo. Es importante animarlo y estimularlo para que comprenda que los «accidentes» no influirán negativamente en el amor que ambos le profesáis.

Flexibilidad

Si vuestro hijo sólo visita ocasionalmente a tu ex pareja y el tiempo que pasa con él está dedicado exclusivamente a actividades fuera de casa y de diversión, éstas pueden interrumpir el proceso de adiestramiento en el uso del baño. En tal caso, es preferible ser flexible.

Ponle los pañales-braguita mientras está fuera en lugar de insistir en que siga a pies juntillas la rutina habitual. Cuando se sienta más seguro de sí mismo en el uso del orinal o el inodoro, será capaz de disfrutar de aquellas actividades sin «accidentes».

Competitividad

Es fácil que el adiestramiento se convierta en un ámbito de competitividad, sobre todo si mantienes una relación difícil con tu ex pareja. Si uno de vosotros considera un éxito en el adiestramiento en el uso del baño como un signo de ser un «mejor» padre, el otro debería retirarse de cualquier tipo de competitividad. Es esencial que las estrategias de adiestramiento no sean contradictorias y que el

Procura que tu hijo comprenda que aunque deseas que aprenda a controlarse, los «accidentes» no influirán en tus sentimientos hacia él.

pequeño no se desoriente ante diferentes enfoques. Debéis mantenerlo al margen de cualquier tensión que se produzca entre vosotros, pues podría influir muy negativamente en su comportamiento.

Niños discapacitados

Si tu hijo tiene alguna minusvalía física o psíquica, el adiestramiento en el uso del baño puede constituir un paso muy importante. Aprender a controlar la vejiga y los intestinos aumentará su independencia de un modo extraordinario y le conferirá

un sentido de responsabilidad. Para un niño discapacitado, el adiestramiento puede resultar un proceso lento, pero no te desanimes; con ayuda especializada y mucha paciencia lo conseguirás.

Dificultades de aprendizaje

Los niños con dificultades de aprendizaje deberían iniciar el adiestramiento un poco más tarde y el proceso de aprender a mantenerse limpios y secos suele ser mucho más prolongado que en los demás. No obstante, los métodos son los mismos. Tendrás que armarte de paciencia y a ser posible recabar la colaboración diaria de otros cuidadores. Si tu hijo pasa algunas horas en un centro de atención especial, infórmate de los métodos de adiestramiento utilizados con el fin de adoptar los mismos procedimientos en casa.

Discapacidades físicas

Es posible que algunos pequeños, como los que sufren lesiones en la columna vertebral o espina bífida, no desarrollen nunca un control voluntario de la vejiga o los intestinos, pero la mayoría de los niños con discapacidades físicas son capaces de hacerlo sin mayores problemas, si bien es cierto que aquéllas podrían retrasar el adiestramiento. Incluso un grado leve de torpeza causado por cualquier trastorno físico puede complicarlo considerablemente. Tal vez tengas que esperar hasta que tu hijo sea mucho mayor antes de iniciar el proceso. El niño necesitará muchísima ayuda adicional mientras intenta superar su discapacidad durante el aprendizaje de esta nueva técnica.

Enseñar a tu hijo a controlar los esfínteres puede ser un proceso frustrante para ambos, pero el éxito compensará todos los esfuerzos.

Jessica tiene el síndrome de Down y me han advertido que podría tener dificultades con el adiestramiento en el uso del baño. A los dos años y medio parecía estar preparada para empezar a sentarse en el orinal al levantarse cada mañana y después de cada comida. Pronto captó la idea. En un par de meses consiguió mantenerse sequita durante el día, y a los tres años, también de noche.

Antes de empezar, habla con el especialista o terapeuta sobre la posibilidad de comprar algún equipo especial para facilitarle el uso del baño. La oferta es muy amplia, desde orinales-sillita, casi siempre confeccionados a la medida del niño, hasta barras de sujeción que se instalan a ambos lados del inodoro. Aun en el caso de que tu hijo vaya en silla de ruedas, existen artilugios especiales que le ayudarán a usar el baño.

Vista y oído

Un niño con trastornos auditivos es probable que tenga problemas de lenguaje y comunicación, dificultando su comprensión y colaboración durante el proceso de adiestramiento. Con el tiempo entenderá lo que esperas de él. Por otro lado, sus progresos harán que todas las dificultades que hayan surgido a lo largo del camino apenas tengan importancia.

Los niños ciegos o con trastornos de la visión también tendrán evidentes problemas con el adiestramiento en el uso del baño. Necesitarán una tutoría especializada que les ayude a superar los obstáculos, aunque cuando sea un poco mayor y adquiera más independencia, se las ingeniará para afrontarlos con éxito.

Ayuda

Habla con los cuidadores y monitores de tu hijo acerca de los métodos de adiestramiento más apropiados y solicita su ayuda y su apoyo. Es posible que puedan recomendarte algún especialista en incontinencia.

A menudo, los colectivos benéficos y asistenciales que se ocupan de las minusvalías disponen de información útil acerca de la incontinencia infantil y los métodos que se pueden utilizar para solucionarla. También te pueden poner en contacto con otros padres que han pasado por experiencias similares. Poder hablar con personas que han tenido que afrontar las mismas dificultades por las que ahora estás atravesando constituye un verdadero alivio.

Date un respiro

Cuidar de un niño discapacitado puede resultar muy fatigoso, sin tener en cuenta el estrés añadido que supone intentar adiestrarlo en el uso del baño. Implica a los demás en esta rutina y concédete el tiempo necesario para descansar y relajarte. Incluso es posible que tu hijo responda mejor con alguien que no participe en su cuidado diario y que se muestre más predispuesto a cooperar con cualquiera de los métodos de adiestramiento que te hemos sugerido.

Respuesta a las preguntas más frecuentes

? Mi hija fue prematura y pesó 1,8 kg al nacer. Ahora tiene tres años y está completamente sana, sin trastorno alguno, aunque aún no ha conseguido usar el orinal o el inodoro. ¿Podría influir en su capacidad para controlar la vejiga y los intestinos el hecho de ser prematura?

Algunas investigaciones sugieren que los bebés que pesan menos de 2,5 kg al nacer tardan más en mantenerse secos y limpios que aquellos cuyo peso es igual o superior al que se considera estándar por término medio.

? ¿A qué edad debería empezar a preocuparme si mi hijo aún no usa el baño?

Si el niño no ha conseguido un control diurno entre los tres años y medio y los cuatro años, y no se mantiene seco y limpio por la noche a los seis, podría tener un problema físico. Deberías consultar a tu pediatra para averiguar la causa. También es posible que el médico te remita a un psicólogo infantil para que ayude al pequeño a superar cualquier dificultad.

? ¿Cuándo sería normal que mi hijo fuera capaz de limpiarse el culito él solo?

Es una técnica que hay que enseñar y que hay que practicar una y otra vez. Muchas madres siguen limpiando el culito de sus hijos incluso después de que éstos hayan aprendido a usar el baño. Procura que sea capaz de hacerlo por sí solo cuando empiece a ir a la escuela. A esta edad también debería poder lavarse las manos y tirar de la cadena.

? Mi pareja se enoja muchísimo con nuestra hija cuando tiene un «accidente». Está convencido de que la amenaza de una palmada en el culito contribuirá a que use el baño como es debido. ¿Está en lo cierto?

Las palmadas nunca son apropiadas cuando de lo que se trata es de guiar a un niño en el aprendizaje de una nueva técnica, y desde luego no es la forma correcta de conseguir que se acostumbre a usar el baño. En realidad, las palmadas en el culito retrasan el proceso de adiestramiento, ya que humillan al pequeño y crean resentimiento entre padres e hijos.

? Mi hijo apenas come fruta y verduras, y padece cuadros severos de estreñimiento a causa de la falta de fibra en su dieta. Me han dicho que debo darle una alimentación equilibrada, pero se niega a comer lo que no le gusta. ¿Qué puedo hacer?

? Mi hijo se ha mantenido seco durante varias semanas y va al baño para orinar en el inodoro sin ninguna ayuda por mi parte. Sin embargo, se niega en redondo a hacer caca si no es en el pañal. ¿Qué debería hacer?

Es importante no forzarlo, aunque hay otras formas de introducir la fibra en la dieta.

En ocasiones, los vegetales y las hortalizas son más tentadores crudos que cocidos. Córtalos en varitas para que el niño pueda mojarlos en su salsa favorita. También puedes darle sopa de verduras a base de guisantes, calabacines, etc. A la mayoría de los niños les gustan los cereales para desayunar. ¿Lo has probado con tu hijo? El pan integral constituye una buena fuente de fibra; úntaselo con mermelada, crema de queso o de chocolate y córtalo en forma de estrella o de luna. Asimismo, es posible que le gusten los plátanos o albaricoques entre comidas.

Procura ser imaginativo y convierte las comidas en una ocasión especial. Asimismo, recuerda que debe ingerir líquidos en abundancia; la falta de líquidos también puede provocar estreñimiento.

Recuerda que el adiestramiento en el control de la vejiga y los intestinos son dos procesos diferentes. Algunos niños los aprenden casi simultáneamente, pero otros controlan uno antes que el otro. Si tu hijo te pide un pañal cuando quiere hacer caca, deberías ponérselo. De lo contrario podrías provocar una retención innecesaria de las heces y una lucha de poder. Ya ha demostrado que es capaz de orinar en el inodoro. Deja que también decida cuándo está preparado para hacer caca en él.

Índice analítico

Agradecimientos

Muchas gracias a Joanne Mackonochie, por sus ideas y constante orientación, a Mary Dryden, por ayudarme en la investigación, y a Jess Presland y sus amigos, por facilitarme innumerables anécdotas relacionadas con el adiestramiento en el uso del baño. Gracias también a mi editor, Tom Broder, por su energía y entusiasmo.

Y vaya el mayor de mis agradecimientos a mis hijos, Dominic, Lucy y Kate, por haber sido mis «conejillos de Indias» durante mi aprendizaje de las técnicas de adiestramiento, así como a mi esposo, Robin, por su apoyo ininterrumpido.

Alison Mackonochie

El editor inglés querría dar las gracias a las siguientes personas:
Producción: Karol Davies y Nigel Reed
Apoyo informático: Paul Stradling
Selección gráfica: Sandra Schneider
Fotografía: Jules Selmes

Créditos de las ilustraciones

1 (izquierda y arriba derecha) BabyBjorn (abajo derecha) The Baby Catalogue; **4** BabyBjorn; **6** Getty Images; **14** Getty Images; **16** Dr Kari Lounatmaa/SPL; **18** Darama/Corbis; **19** Francisco Villaflor/Corbis; **20** Jules Selmes; **21** (centre) JoJo Maman Bebe; **26** Mother and Baby Picture Library/ Dave J Anthony; **27** (arriba) Mother and Baby Picture Library/Steve Shott; **29** (izquierda) C C Studio/SPL; **31** Jim Varney/SPL; **33** (derecha) Retna/Sandra Lousada; **34** Jonathan Ashton/SPL; **36** BabyBjorn; **38** BabyBjorn; **39** Getty Images; **41** Mike Bluestone/SPL; **46** Getty Images; **48** Laura Dwight/Corbis; **49** Retna/Sandra Lousada; **50** (1ª y 2ª por arriba) BabyBjorn (3ª por arriba) The Baby Catalogue (abajo) Mother and Baby Picture Library/Perry Hastings; **51** BabyBjorn; **52** Liane Hentscher/Corbis; **55** Bubbles/Pauline Cutler; **56** Getty Images; **58** Mother and Baby Picture Library/Paul Mitchell; **59** Mother and Baby Picture Library/Ian Hooton; **61** JoJo Maman Bebe; **64** Labat, Jerrican/SPL; **65** Toilet-Time Targets; **66** Mother and Baby Picture Library/ Eddie Lawrence; **67** Bubbles/Jennie Woodcock; **68** Jules Selmes; **72** Mother and Baby Picture Library/Ian Hooton; **74** Powerstock; **77** Jose Luis Pelaez, Inc /Corbis; **80** Mother and Baby Picture Library/Betsie Van Der Meer; **82** (izquierda) Powerstock (derecha) Mother and Baby Picture Library/Perry Hastings; **83** Ricki Rosen/Corbis Saba; **84** Laura Dwight/Corbis; **86** Rob and Sas/Corbis; **87** Retna/Sandra Lousada; **90** Mother and Baby Picture Library/Ian Hooton; **Cubierta:** Camera Press/Your Baby

BabyBjorn
www.babybjorn.com

JoJo Maman Bébé
www.jojomamanbebe.com

The Baby Catalogue
www.thebabycatalogue.com

Toilet-Time Targets
www.toilettimetargets.com